未经
检视的
人生
不值得过

［日］白取春彦
冀剑制

著

／

严敏捷

译

湖南文艺出版社
HUNAN LITERATURE AND ART PUBLISHING HOUSE

博集天卷
CS-BOOKY

哲学的救赎

————————————

"哲学是什么？"

"哲学是探究真理的学问。"

在过去，若有人提出这个问题，应该会得到上述的回应；但所有人都从未质疑过这个答案。这大概是因为，还是有不少人都梦想着，真理确实存在于某个遥远的地方吧。

我在十多岁的时候，因常常听人说，或是从书本中看到"哲学是探究真理的学问"这句话，所以就信以为真，试着去学习一些哲学。

结果是，我没有办法通过哲学找到真理；但我并不因此而感到失望。相反地，我发现这些哲学书陈述的理论，对我们的生存方式大有帮助。

若我曾经从任何一本哲学书中找到真理的话，现在又会变成什么样子呢？

我马上可以想象得到。我会高兴得无法言喻吗？不是的，我可能会丢开那本哲学书，然后再也不会热衷于学习哲学了。

这个理由一点也不难理解。因为，若是真理如此昭然若揭，就会减损我生存下去的动力。

正因为觉得生存本身就是个谜，我们才能够继续生存下去。若事先告诉我们人生和人类是怎么一回事，且一点也不神秘的话，我们就会失去生存的动力。同样地，若是提早给了我们足够用一辈子的金钱的话，那么接下来数十年，我们应该也会失去工作的意愿了吧。

未知的事物总是能吸引我们的注意。世界是未知的，我们的身体、生命和生存方式也都是未知的。

若哲学可以针对这个未知果断地提出"这就是真理"的证明，那又会是什么样子呢？这就如同给了我们一份完美无缺的人生使用说明书一样。

而生存其实就是我们凭自己的意志踏入未知的领域。即使有些人认为自己每天都重复做着同样的事情，但对这个人来说，每天都是新的未知的一天，也会根据自己的生存方式而有所不同。

只要思考一下，具有肉体的我们为什么会存在，就可以了解了。如果有关生存方式已经有了不可动摇的客观性真理，也明确规定了什么才是最好的生存方式，那么每个人就不需要再以肉身活出新的每一天了。

因此，我们不需要执着于确认真理的所在之处，或者真理是否存在。我们若是不能理解自己与他人，那么即使再继续探究"人类是什么"这个自古以来的议题，也是毫无意义。真正能够回答"人类是什么"这个问题的，就是自己实际上的生存方式。

另外，不管对于哲学的命题提出什么样的回答，这些都只是在学术研究范畴内的论述，对我们来说其实是没有什么帮助的。真正的答案并不存在于学术研究的论述，而是存在于每个人各自的生存方式中。

那么，我们该采取什么样的生存方式呢？我们该用什么观点去看这个世界，并找出属于自己的意义与价值呢？这个时候，原本没有给我们什么答案的哲学书籍，就可以发挥作用了。

这是因为，哲学书籍记载的都是前人以自己的经验去彻底思考的结果。哲学家也跟我们一样是人，也都在自己的人生中体会过相似的辛酸与痛苦。他们因此开始思考"这到底是一个什么样的世界？"，然后推衍出属于自己的世界观与人生观，于是便诞生了各种哲学理论。

年轻人正要开始了解人生，也开始对自己无论如何都无法理解的各种事物、社会的冷漠与严苛、难以理解的现象、令人感到困顿迷惘的处境疑惑不已吧。因此我推荐各位试着学习哲学。

　　其中一种哲学的思考方式与观点，一定可以成为解决你的问题的关键，或者也可以给予你希望和勇气。而哲学就会成为我们的救赎。

白取春彦

影响人生的哲学家们

————————

　　曾经有一天，在一个广播节目的访谈中，主持人问了我一个问题："哪位哲学家，或哪个哲学理论，对你的影响最大？"

　　这个问题，让我瞬间搭上时光机，回到十五岁初见哲学的轻狂年代，再一路浮光掠影，回到几十年后的现在。记忆如雪片般撒满天空，恍若隔世。我深深吸了一口气，感到难以回答。这几乎是在问："人生中哪一段青春年华最精彩？""哪一段岁月的成长最有价值？"，我摇摇头，叹了口气，"无法比较。"

　　十五岁那年，我读了《天地一沙鸥》（*Jonathan Livingston Seagull*），便开始醉心于所谓的"生命境界"，幻想着超越一切障碍，将一切不可能变成可能。那个时候，哲学对我来说，幻想的成分很大，我以为人生有着无穷的可能性。但随着知识的增加，人也越来越向现实低头、越来越少不合情理的幻想。

十八岁之前，我接触了逻辑谬误的理论与存在主义的生命观，同时开始对逻辑思考和虚无的人生况味感兴趣。两者虽然看起来差异很大，但其实没有立即的冲突，因为探讨的议题不同。而且，如果还没有能力将所有思想融会贯通，就算理论背后的某些基本原则有冲突，也不会有任何格格不入的感觉。

在准备大学哲学系的转学考试时，我第一次读到"唯心论"。这个理论主张世界上所有一切物质都是虚幻的，只有心才是真实的存在。这个理论对我的冲击很大，让我对世界产生完全不同的想象，兴奋得好几天都难以成眠。

当然，现在已经很难想象那是一种什么样的心情了。因为我已经太过习惯各式各样不同世界观的理论，也习以为常了。或许，当又看到一种新的世界观时，我会再次感到兴奋，但程度自然差别很大。因为当年，或许是我第一次睁开智慧的双眼，从完全不同的角度看世界。

进入哲学系之后，各式各样的理论与哲学家，伴随精彩、丰富的人生体验，给我带来各种生命的冲击，让我打开不同方向的眼界、开拓未曾经历过的情感，在哲学的世界中学习成长。

记得在大二的某一天，我和一位学长谈起读《论语》的心得，我说："某些话语，让我感动得流下眼泪。"想不到这句话很快传了开来，有好几位学长闻风而来，想瞧瞧我这位会被《论语》感动的怪胎。"这很奇怪吗？"我很不以为然。因为，只要不用圣人的眼光看孔子，把他当成隔壁的邻居阿伯，有血有泪、有热情也有沮丧。那么，你会很容易被书里的真心与真情打动。

这本书所写的，主要是最近几年来，我受这些哲学家的思想启发的心得。我无法回溯到那最早被哲学打动的年代。当然，那时的思维必然缺乏深思熟虑，也未必值得分享。

然而，这里记录的，也未必完全属于这些哲学家的思维，里面或多或少，掺杂了我个人的领悟与解读。而我要分享的，其实也就是这些领悟，期待这些促使我成长的智慧心得，也能带给年轻读者帮助。

不过，我的成长还没到达终点，即使在写这本书的过程中，也还在持续进行。如果问我，还想谈谈什么样的哲学，以及最近又在什么哲学中得到新的智慧。我会回答："斯多葛主义"。那是一种生命实践的智慧，必须在锻炼出强韧的生命力以及崇高的品格之后，才能真正领悟其境界。

除此之外，我还很想谈谈目前让我陶醉于其间的"量子力学的哲学观"。它带给我一个跨越现实、回到幻想时代的机会，让我意识到：

这个世界的真相，似乎远远超过我们的想象。它让我挣脱长久以来被现实世界观拘禁的牢笼，让心灵再次展翅高飞。或许，再过几年，当我在相关领域有了新的成长，就可以再次分享不同的生命经验。

这本书的企划，是跨国的、奇特的。写作过程中，有着许多新鲜有趣的体验。至少对我来说，是个很棒的尝试。很感谢双方编辑的辛劳，让我有这个机会参与这个特别的企划。也要特别感谢白取老师的多多指教，以及愿意共同努力完成这本著作。谢谢！

龚剑制

Contents 目 录

第一章　秘境探险寻找真理／冀剑制

第三章　创造自己的生存方式／白取春彦

秘境探险寻找真理

/冀剑制

第一章

1 跟着苏格拉底检视"认识自己"

——认识自己，可以活得更好

苏格拉底，他是一位在两千多年前活跃于古希腊的哲学家，算是西方哲学最重要的开端。"西方哲学之父"的荣耀属于比他更早的哲学家泰勒斯，但以实质影响力来说，苏格拉底才是真正的哲学之父。他的哲学流传于世，影响后人，要归功于把他的学说写下来的哲学家弟子柏拉图。

在苏格拉底的各种想法中，事实上也是在所有我学过的哲学中，对我影响最深的人生智慧，就是他所提倡的"无知之知"，即"知道自己无知的知识"。

然而，这种知识并不容易获得，因为它跟其他可以简单用文字承载的知识不同，它无法直接告诉你任何东西，甚至没有知识内容。换句话说，如果我们无法将它转换成一种可以在生活中开阔视野的智慧，它不过是个好听的哲学名词，没有任何价值。也因此，我在大学时期读到这个哲学想法时，并没有什么特别的感觉，甚至隐隐觉得这种说法有些过度谦虚和矫情（明明很有知识却故意说自己无知），但在日后的潜移默化中，我逐渐体会到了其奥妙。这个影响力至今未衰，不断协助我成长，开启新的视野。

为何苏格拉底最有智慧？

这个"无知之知"的哲学有个故事源头。据说有一天，苏格拉底的一位朋友去神殿占卜："苏格拉底是不是最有智慧的人？"占卜结果是："对！他是最有智慧的人。"这位朋友很高兴地去跟苏格拉底说，但是苏格拉底很疑惑，因为他觉得自己挺无知的，怎么会是最有智慧的人呢？于是他开始去拜访许多当时以丰富知识与辩才闻名的人士，然而这些人都被他问倒了。最后他得出一个结论："原来神之所以认为我是最有智慧的人，是因为我至少知道自己的无知，而其他人连这个都不知道。"

之后，苏格拉底的许多年轻追随者，也想知道别人是否具有这种"无知之知"，便依据苏格拉底的对话方法，到处去问人各种问题，以及询问别人是否知道自己的无知。他们特别爱去问那些以丰富知识与辩才著名的人物，因此得罪了很多人，也给苏格拉底招来报复的祸害。结果，缺乏思考能力、情绪容易被煽动的乌合之众表决，判处苏格拉底死刑。这起事件也让他的弟子柏拉图对民主制度感到厌恶。

有谁觉得自己很无知？

想想看，假设有一天，你在街上遇到有人跑来问你："你知道自己的无知吗？"你会怎么回答呢？

难道你会回答："对呀！我知道我很无知！"你会这么说吗？应该不会吧！谁会这么说？怎么可能有人会觉得自己无知呢？再怎么样，就算只上过小学，也懂了不少知识！就算没念过书，也从长辈那里学到不少东西吧！如果有人回答自己很无知，就会让人感觉这人很矫情、很虚伪。

苏格拉底把"无知之知"和"认识自己"放在一起，他认为，认识自己的人便知道自己的无知。然而，如果我们都不知道自己无知，是不是表示我们实际上不认识自己呢？

要回答这个问题，可以从我和一个学生的对话谈起。在我的教学生涯中，我曾经遇见一个有趣的学生，在一门必须上交期末论文的课程中，这个学生不想写，而且认为自己有资格不用写。理由是，他已经得到苏格拉底的真传：认识自我，知道自己是很无知的。既然无知，就没办法写论文了，因为写论文本身就是自以为自己知道些什么。既然他已经达到"无知"的境界，自然没什么东西可写了。所以，他主张自己不用写论文，而且还应该得高分。

这个学生的推理听起来还挺有道理的，也算哲学没白学吧！但这招用在哲学教授面前就有点班门弄斧了。我那时就问他："你知道自己叫什么名字吗？"

他回答说："当然知道啊！"

我接着说："那你的论文至少可以写个名字吧！"

他听了还挺高兴的："没问题！"他大概是想，只要写个名字就行了，真是太省事了。我接着说："你既然知道你的名字，那就不能算是无知了！所以，你还没达到苏格拉底的境界，需要再想想为何没达到，你就以此为题写一篇论文吧！"他听了无法反驳我，只好去写论文了。

"无知之知"并非"知道自己什么都不知道"

试想一下，如果我们去问苏格拉底本人："你知道自己的名字吗？"难道苏格拉底会说"不知道"？所以，把无知之知理解成"知道自己什么都不知道"是不恰当的。

我们应该怎么解读"无知之知"呢？

大体上有两种解读方式。第一种是说："我们没办法确认任何知识一定是对的！"

在柏拉图所著苏格拉底的《对话录》里，常常会出现苏格拉底询问众人一些较为基础的知识。例如，谈到正义，他会继续追问："何谓正义？"不断向知识的根源处探询。如果我们对各种知识的反省达到很深的地方，就会发现很难找到确定不移的知识基础，作为一切知识的根基，也很难说哪一种知识是绝对不会错的。有了这样的认识之后，的确会形成一种智慧，让人不执着于任何道理，不固执，但有时会没什么原则。

西方哲学学多了，大致上可以获得这种智慧，因为西方哲学教育就是教人不断深入思考、不断质疑各种想法，以至于可以看见各种知识的不稳定基础。

不过，关于"无知之知"我想要谈的是另一种解读，也是我个人觉得很了不起的一种智慧，就是看见自己的无知，即真正"知道自己的无知"。

当然，这种"无知"不是"什么都不知道"，而是"知道自己某些东西不知道"，也就是"知道自己在某些领域是无知的"。

"知道自己某些东西不知道"的智慧

说到这里，感觉像是在说废话，因为世界上根本不会有人真的觉得自己什么都知道，当然知道自己某些东西不知道。然而，这是否表示世界上所有人都具备"无知之知"的智慧了？

其实不然。在日常生活中，每个人都有许多时候"以为自己在某些方面很懂，但事实上不是这样"。从柏拉图所著的《对话录》来看，当时许多名士很爱谈论"正义""善""美"等概念，事实上他们对于这些东西处于无知的状态而不自知。直到被苏格拉底追问答不出来之后，才承认自己在这方面的无知。

这种解读的"无知之知"是说，我们实际上在某些方面很无知，自己却不知道。这就是缺乏无知之知的状态。但是，当我们具备看见自己"无知"的能力，就能知道自己在这些方面的无知。如此一来，我们可以尽可能地摆脱"自以为知道，实际上却不知道"的处境。这就是一种很了不起的智慧。

非专业领域的无知之知

举个例子来说，前一阵子，我在网络上看见一则有趣的留言，一个和许多作者打过交道的出版社资深编辑，他说："许多作者对自己写的东西缺乏信心，但是对于封面设计充满了自信。"

看了这个留言之后，我觉得非常有趣。因为在出版第一本书时，我其实也有类似心态。那个时候，虽然我在那本著作的领域算很专业了，仍然会担心内容是否有什么错误，缺乏自信心。可是，当出版社编辑给我看几个封面设计时，我却不知哪来的自信心，很想说三道四。不过幸好，我具有这方面的"无知之知"，我知道自己不是封面设计的专业，所以我选择了闭口。虽然每个人对封面设计都有好恶之心，可以针对个人喜欢与否发表意见，但是，对于一个封面设计是否能够在图书市场发挥功效，这属于营销与广告的专业领域，我知道自己并不具备这项专业能力，因为我从来没接受过这方面的训练，所以即使我有莫名的信心，还是决定不谈个人意见，让出版社做决定。或者最多只说一下个人感觉与喜好，供出版社专业编辑参考，但不会坚持己见。

在这里，有一个很值得思考的问题：为什么我对自己的专业缺乏信心，反而对非专业领域有着莫名的信心呢？从认知的角度来说，这个现象一点都不奇怪。因为作者通常对自己写的东西熟悉程度很高，不仅知道自己在此领域懂很多，也同时知道还有更多东西不知道（这其实就是经由更深的专业能力，而在此领域达到具备"无知之知"的更高阶段），所以容易信心不足。但一般作者通常对封面设计只是一知半解，只知道自己知道些什么，但看不见自己在这方面的无知，在这种缺乏无知之知的认知状态下，就容易产生莫名的自信心。这也是所谓的"半瓶水响叮当"的原理。懂一点点的，因为看不见自己的无知，只看得见自己所知，于是形成一种自己很懂的错觉。懂得越多的人，知道自己还有更多东西不懂，反而出现自信心不足的情况。类似的事情很容易发生，因为对于自己不懂的东西，我们甚至连自己不懂都不知道。

缺乏感受的无知之知

以一个生活中常见的例子来说：唱歌。

实际上我从小就很缺乏乐感，唱歌走调时自己都不知道。小时候，没人说我唱歌好听，我也常常纳闷，我唱歌到底哪里难听了？有时听到某些人嗓音不佳仍获得许多掌声，但每次我高歌一曲之后就是一片宁静，最多也只有那种令人感伤、稀疏的同情掌声。以前我常怀疑是自己人缘不好，所以没人为我鼓掌，后来长大了，有朋友会说我唱歌走调，但是对没有乐感的人而言，根本无法体会什么叫作"走调"，我自然把"唱歌走调"理解成"唱歌难听"。

想知道这种根本感受不到的东西，几乎是不可能的事情。因此对当时的我来说，这种无知之知是遥不可及的。

后来我在学校担任社团干部，团体活动时，这个"走调能力"竟然发挥功效（也算是一种无用之用），带来搞笑式的欢乐，同学们都以为我是故意的，因为怎么可能有人在一句歌词里走调三次呢？事实上，我根本搞不清楚自己唱歌哪里好笑了。直到多年后，我突然开始可以稍微感受到什么是走调，终于慢慢理解这件事。事后想想，当人活在"不知道自己无知"的状态下，其实还挺可怕的。

最难获得的无知之知

当我们在某个领域无知时，自己很难察觉。我们很容易知道自己知道些什么，却很难知道自己不知道些什么。因为既然不知道，那里就是一片看不见的黑暗；既然是一片黑暗，就什么也没有，所以不知道是很正常的。想要知道，必须通过推理能力，不太可能直接发现。但是，如果没有好的反思能力，就无从发现自己的无知。所以，最难获得的无知之知，就是缺乏思考能力的无知之知。

近年来网络发达，有不少这类无知之知缺乏的案例。由于要知道自己缺乏好的思考能力需要还不错的反思能力，因此在这种情况下，严重缺乏思考能力的人容易自以为思考能力很强，看不见自己的思考问题，而在网络上大肆发表意见。

有点反思能力的，很担心自己说错，反而不太会在网络上发言；而思考能力强的，也担心自己或许有盲点而不自知，就算常常发言，也比较慎重。但是，缺乏思考能力的人，自以为不会有什么错误，于是大胆评论，甚至谴责他人。结果网络意见的主流，往往由缺乏思考能力的人领军，造成族群之间的分歧越来越严重。这是一个颇值得思考的社会问题。

最常见的无知之知的缺乏

自己很难发现自己的无知，但我们可以通过观察他人，发现这种缺乏无知之知的情况，日常生活中，缺乏关于教育的知识却不自知就是一例。大多数的父母都自以为懂教育，常常会用很肯定的态度，依据某些方法，或是某些观念教育子女。许多父母不知道自己其实不懂教育方法，甚至某些观念大有问题。由于缺乏这种无知之知，反而很有信心去做自认为对孩子有帮助的事，结果适得其反。如果父母知道自己其实在亲子教养方面所知不多，就会去阅读相关主题的书籍，或是咨询专业意见，在这种情况下，比较有机会把事情做好。

另一种常见无知之知的缺乏，就是两性的相处。大多数人不知道，如哲学家弗洛姆强调，爱是需要知识与学习的。当我们缺乏对异性的了解，不懂得两性相处之道，恋情之路往往会走得很坎坷，最后认为两人个性不适合，只好分手。但事实上，有可能是因为缺乏某些知识而不自知。例如男人与女人在心境上、感觉上，有许多差异，当我们不明白这些差异，相处上就容易导致误解，难逃关系破裂的命运。如果我们具备这个无知之知，至少当冲突发生时，会去思考是否因为性别差异而导致问题，若仍有疑惑，也可以请教他人或参考两性专家的建议，多少能避免因为缺乏此知识就无法消除的误解。

无知之知的缺乏不只针对外在世界。大多数人都以为了解自己，对自己的一言一行，以及各种情绪反应，都知道为什么如此，事实上不然。例如许多人大谈正义，但所作所为只是在争取个人利益，当然有人是伪装的，不过更多人是根本不了解自己的内心世界。当不知道自己其实并不了解自己时，我们就阻断了重新发现自己的契机。当我们发现别人如此时，就可以试着想想看，自己在某些方面是否也陷入不了解自己而不知道的境地呢？这种可能性其实非常大，只要能发现这点，并具备这样的无知之知后，就开启了一条认识自己的道路。

除了这些生活中常见的无知之知，还有很多无知之知对于提升我们的智慧大有帮助。

对陌生人的无知之知

无知之知的缺乏，也可以说明为何许多人缺乏同理心。当我们看到一段霸凌影片，即使影片里的人都是陌生人，大多数人会同情被霸凌者。但是，如果影片换成是警察押解罪犯，而罪犯被路人追打，即使对你来说，被害人与加害人同样都是陌生人，你可能心中一阵痛快，甚至鼓掌叫好，同理心完全消失。为什么会这样呢？我们对该罪犯的生平事迹、什么因素导致犯罪等，完全一无所知，却很容易忽视这种无知状态，而把这个人的全部理解成是犯罪，好像此人一生就只有在做这件坏事。在这种情况下，他成了罪恶的化身，加上我们疾恶如仇的个性，同理心自然难以发挥。当我们与陌生人发生冲突时，我们也会有类似的心理状态。

如果我们注意到这种无知，也就具备了关于此人的无知之知，于是我们也许能够想象当罪犯还是天真的幼童时曾经遭到虐待，或是想象他其实是个爱护子女的好父亲。在这样的想象中，我们会感到疑惑，究竟发生了什么事，导致他去杀人？难道这个人从来不曾出于善意，帮助过他人吗？当我们思考愈多，填补愈多空白，愤怒便转为疑惑，同理心逐渐恢复运作，让我们脱离轻率而表面的判断，进入更深的思考层面。

投资股票的无知之知

除了上述方面，"无知之知"在理财投资方面也很有用处。以投资股票来说，我们常会觉得"某些股票莫名其妙地大涨或是大跌"。但是事实上，股票不是人，不会无端大涨或是大跌（人也不会莫名其妙地情绪起伏）。涨跌（或是情绪起伏）背后一定有原因，我们之所以觉得莫名其妙，都是因为缺乏某些信息。他人因为具备这些我们所不知道的信息而大买或是大卖，导致股价的涨跌。也就是说，相对于某些别人拥有的信息，我们处在无知状态。想到这里，我们又获得了一个无知之知。这个无知之知有什么用呢？它让我们知道，投资股票时，我们和别人是处于"不公平的竞争状态"，在不公平的条件下，时间久了，我们终究会是落败的一方。所以，多数散户投资股票者最后大多以赔钱收场。

思考到这里，结论并非一定不能投资股票，而是要设法脱离不公平的竞争状态。例如，想办法让自己也成为提早获得信息的人，或是预防被错误或是过时信息误导。要做到后者，可以考虑完全不理会任何媒体信息，因为当今媒体容易被操控，常会有过时甚至错误的信息左右我们的思考。随机买卖股票说不定还更好，至少可以让自己稍加脱离不公平的处境，减少被错误信息误导的机会。或者，也可以只做长期投资来赚取股利，这些都是让自己脱离不公平条件的思考。有了这些思考，就比较能降低赔钱的风险。

许多股票投资人企图在短时间内从股市赚到大钱，很认真地研究媒体提供的各种信息，还自以为占了便宜，其实是最吃亏的一方。由于某些人能获得更多、更快速、正确性更高的讯息，在这种不公平的竞争条件下，除了运气非常好的人以外，多数人都是失败赔钱的一方。

恋爱中的无知之知

谈完投资理财，来看看无知之知应用在恋爱上的例子。当男人看上漂亮的女人，或是当女人遇到很酷的男人时，常会因迷恋对方而坠入情网。事实上，在这种情况下，双方一点都不了解彼此，很多时候两人就糊里糊涂地交往，甚至结婚生子，最后在柴米油盐的日常生活中，突然领悟到"原来两人根本不适合生活在一起"。

到了这局面，怎么办呢？要是忍受得了，就继续忍一忍吧！反正铁杵都能磨成绣花针，个性不合有什么了不起的。但如果忍不了呢？那只好离婚，下次结婚前，先认真认识彼此。这种局面，也经常是世间男女的感慨："因误会而结合，因了解而分开。"

如果当初能知道自己对对方处于无知的状态，具备了这种无知之知，就不至于莽撞决定终身大事，而会各方面先多观察，避免日后陷入婚姻的困局。

"无知之知"的人生妙用

除了这些人生大事，对我个人来说，随时思考自己是否仍有什么不知道，可以让我在做重大决定时再多想想，让思考更周严。再举个例子来说，过去几年，我们是否曾经因为坚持些什么而与人起了冲突，日后知识与经验增长了，便有了不同看法？在人生的成长过程中，我们会感叹："唉！当时真不该那样做！"依据这样的经验，当我们现在又因为坚持些什么而要与人起冲突时，是否可以想象一下，随着时间与自我成长，日后我们会不会有不同想法了呢？我认为，这种可能性很大，也就是说，以智慧的眼光可以看见一件事情："我们目前在坚持的事情，很有可能在未来知识增长后，想法有了改变，我们会认为这样的坚持是没必要的！"预想这种还不具备的知识，也是无知之知的一种。

依据这个原则，我们的想法未来都可能会改变，那现在是不是什么都不用做了？当然不是。对于目前觉得有价值，而且看不到有什么明显问题的，虽然未来还是可能会改变想法，但至少做起来不会那么后悔。甚至有些事情在年轻时不去做，年长时反而会后悔。

这个"无知之知"的智慧是要告诉我们，凡事别太有把握，认为什么一定是对的，即使牺牲很大也非做不可，或是有什么生意，即使倾家荡产也非投资不可。在具有无知之知时，我们就不容易过度肯定目前的想法，对于容易导致危险或有很大风险的事情，就必须再多思考，或是征询专业意见，在更有把握之后才行动。

面对道德的无知之知

在生活中，当我们看见别人做了不道德的事情时，如果也能睁开智慧的双眼，去寻找无知之知，有时会有更好的理解。例如，看见一个人随地吐痰时，我们大多会感到很厌恶。可是有趣的是，如果是自己吐痰，而且是有一个不得不这么做的理由呢？我们通常觉得那也是没办法的事情。

例如，生病了身体不太舒服，咳嗽时突然有一口痰，很不巧地又没带卫生纸在身边，总不能把一口痰吞下去吧，光想都觉得很恶心。因此不得不找个不会有人踩到的角落，趁人不注意的时候，把痰吐掉。若旁边有土，还会用鞋子踢点土掩埋一下。平常根本不曾随地吐痰，但遇到这种情况，总觉得自己不该受到谴责，理由是自己身体不舒服应该被体谅，而且忘了带卫生纸并非什么大罪过，也已经顾虑到他人，没有随地吐在会被人踩到的地方，因为旁边有土，还顺道处理了一下，算是仁至义尽了！

但问题是，旁人可不知道你发生了什么事、心中想什么。从他人的眼光来看，只看见你"随地吐痰"。旁人会怎么想呢？"唉！这个人真是没公德心啊！"如果有人在旁指责你没公德心时，你必然感到很委屈，也许还会动怒跟人吵起来。而且因为生气，很难好言好语说明自己生病了，以及各种想法，比较可能的反应是回说："关你屁事啊！"旁人听了会觉得你简直不可理喻，做错了事还这么嚣张，于是，一场冲突可能就爆发了。

但是，让我们睁开智慧的双眼，尝试去寻找我们所不知道的知识。当我们看见有人吐痰时，想一想，他为什么这么做？是不是有什么事情是我们不知道的，当我们知道之后，会不会就有不同的想法？想到这里，我们便获取了无知之知，知道自己对他人为何吐痰这件事处于无知的状态，在这种情况下，我们会有更多的思考，会更主动地去想一个不当行为背后的故事，即使不知道，至少可以了解一些我们不知道的事情。于是，我们就不太会立刻去指责他人，就算要说，也会客气、谨慎一些。

除了道德问题，在日常生活中，看见讨厌的人、看见上司提出自己不认同的政策、看见别人犯的错，或是看到年轻人占用爱心专座，都可以有类似思考。当我们具有无知之知，开始尝试去搜寻目前无知的知识时，很多问题往往迎刃而解，一些完全不必要的冲突也可以避免。

无知之知与认识自我

许多有长期病痛的人往往脾气不好，让照顾者苦不堪言。我们可能会想，如果病人换成自己，一定不会这样。但这可能一样是缺乏无知之知的想法。当我们更了解病人长期以来遭受的身心折磨，我们就会有不同看法，也能想象如果自己面临相同处境时，十之八九会有一样的行为。

就像许多人觉得抑郁症病人想得太多，何必为一些事情自寻烦恼呢？这很明显是对抑郁症患者身心状态的不了解所导致。因为，如果可以不去烦恼，谁会无聊想要这样啊！我们不了解患者的感受，对于其身心状态十分无知，但只要能知道自己这方面的无知，愿意尝试去了解，就不会做出自以为是的判断。

通过无知之知的智慧向内自省，可以发现很多自己不认识自己的地方。例如，当自己对贪污犯感到深恶痛绝时，不妨想想，在相同的情境下，是否能保证自己绝对不会贪污？借由思考这类问题，我们可以更加深入地了解原本不认识的自己。所以，追寻这类无知之知，也是认识自己的一个重要步骤。这结合了苏格拉底所认为的"无知之知"与"认识自己"的智慧。

化解死亡恐惧的无知之知

事实上，无知之知的智慧，对于我们内心最大恐惧——"死亡"，还有减缓甚至化解的功用。

佛学史记载，有些高僧在悟道之后，就不再感到死亡是一件值得恐惧的事情。换句话说，悟道就是获得了某种知识，当我们具备这种知识时，就不再恐惧死亡。但因为我们目前不具备这样的知识，所以仍然恐惧着死亡，也无法了解为什么有人可以不怕死。

但是透过无知之知，我们可以知道，存在一种我们目前尚未学会（仍然处于无知状态）的知识，而且也同时知道，当我们具备这种知识之后，将不再恐惧死亡。也就是说，虽然我们在情感上仍然害怕死亡，但在理智上可以超越恐惧，知道死亡其实是一件不值得恐惧的事情。

我们只不过是因为知识不足而产生恐惧。

虽然具备"死亡不值得恐惧"的无知之知无法立刻让我们不恐惧，但至少可以让我们放下这样的恐惧，将眼光集中在各种美好人生上，尽情活出我们的生命色彩。

事实上，当我们正陷入任何恐惧、焦虑、忧郁的情绪旋涡里，或是落入极度的烦恼中，都可以套用这样的无知之知：是不是有人在具备某种知识之后，可以脱离这种情绪的枷锁？如果是的话，那么，至少在理智上，除了寻求解决问题的方法，还有很好的理由可以去忽视这些恼人的情绪障碍，放下心来，让它们自由来去，同时也可以追求这种知识，不让它们在未来持续干扰我们的人生。

无知之知打开人生视野

当我们还不具备任何无知之知时，我们的知识，就等于我们全部的视野，眼光只能看到我们所知道的世界。但具备无知之知后，视野便超出了我们所拥有的知识。额外视野中的一切虽然是黑暗的，但能协助我们探求未知、学习未知，以及渡过许多靠着视野就能渡过的难关。

学习苏格拉底的这项技能，将它应用在日常生活中，尝试开启无知之知的生活。

一段时间过后，我相信大家很快就会发现自己那增长的智慧，以及它的妙用：帮助我们在生活中减少烦恼，在人际关系中减少与他人的冲突，以及促进全方位的个人成长。

在我的成长经验中，不断发现新的无知之知，视野不断地扩大，每发现一个新的原本不具备的无知之知，都是一次新的成长，会增长新的智慧，也添加一个人生中的喜悦。在这场学习过程中，生活更加和谐与自在。我也一直相信，还有更多的无知之知等待我去探索，而且永远没有结束的一天。

读完这篇，希望读者所获得的不只是我已经提到的无知之知，因为对每个人来说，都还有更多且更重要的无知之知等待自己去发掘。如果能看见这点，产生这样的视野，自然也会获得一种无知之知：知道自己有很多还不知道。有了这个视野，就算是在追寻自己的无知之知，以及追寻认识更多的自我中，踏上了一个永无止境的旅程。

问答与

白取春彦： 就学者的常识来说，学问都只是假说。然而，一般人追求的是坚定不移的东西。比如说，对某件事情会持有与"这是绝对正确的"相类似的观点。这些人倾向于重视传统，因为古往今来，连绵不断的经验告诉他们，传统是具有普遍存在的价值。所以，像那些传统的神秘学宗教活动还持续存在。

这些人坚信自己与知识发展的科学无缘。他们对哲学的认知是"大学里的一部分人在做的很难的事"，从而对哲学敬而远之。因此，离"无知之知"也越来越远。

在这样的形势下，我认为学者们在自己专业领域深耕的同时，也有必要把哲学广泛、通俗易懂地传播出去，冀老师觉得如何呢？如果不这样做的话，民粹主义、享乐主义、金钱主义等将会蔓延开来。

冀剑制：我很支持白取老师这个观点，大学里的哲学老师除教学与研究之外，应该也要分担一些推广哲学的责任，因为这件事情对整个社会来说实在太重要了，否则确实容易导致许多像是民粹主义的不良文化出现。

但是，这个推广工作一直处在非常艰难的困境中。由于我们无法强迫大众学习哲学，而愿意主动学习的人，通常至少意识到自己在思考能力或人生智慧上有所不足，才会有所行动。也就是说，这些主动的人实际上已经具备某种程度的无知之知的智慧，才能发现自己的不足，进而渴望将触角伸向陌生无知的世界，扩大自己的知识版图。当获得的新知越多，打开的新视界越广，也就能发现更多的无知，而强化求知的欲望，继续追求智慧的人生。

然而，越是缺乏无知之知的人，反而越有自信。误以为自己知识非常充分，对自己的推理也有着莫名的信心，当跟人意见相左时，说起话来便咄咄逼人，反而让喜欢理性思辨的人不愿意跟他们讨论问题，也就失去了发现自己不足的机会。在这种处境下，自己又不觉得需要学习哲学，自然就不会主动学习，于是造成一种可笑的情况："越需要学哲学的人，越不主动学习，而不怎么需要学哲学的人，却更渴望学习。"

　　我觉得这是一个哲学普及教育里的难题，根本解决之道是提早在义务教育阶段就培养无知之知的智慧，否则等到进了大学或社会，开始自由学习后就来不及了。

我的视野

我的知识

我的知识＝我的视野

无知之知的进化

2 跟着柏拉图检视"理性"
——培养理性，唤醒勇气，战胜欲望

柏拉图是苏格拉底的弟子，也是古希腊非常著名的哲学家，他以《对话录》一书记录苏格拉底与他人的对话，也顺便借由苏格拉底之口，写下自己的哲学思想。

《对话录》可以说是一本非常厚的思想对话大全，内容包罗万象，谈论到各式各样的哲学问题，里面许多观点对后世产生了很大的影响。甚至在两千多年后，知名的二十世纪哲学家怀德海（Alfred North Whitehead）主张："整个西方哲学史不过是柏拉图思想的脚注。"当然，不是每个哲学家都这么认为，但能获此赞誉，表示里面必有可观的宝藏。

眼见不为真，理性思考才能掌握真相

柏拉图哲学的最大特点之一，是把"理性"推向最高位置。在人生方面，他认为，人们必须克服各种有违理性的欲望，只有当理性成为领航员时，才能获得人生的幸福。在国家方面，理性也是最重要的核心力量，统治者、制度以及法律必须仰赖理性来思考与建构，这样才能抑制人性自私、贪婪等力量所造成的社会混乱。他提倡必须由受过长期训练而成为完全理性的哲学家皇帝来统治，如此理想国的美梦才能实现。

如果把感官感觉与理性思考视为人生的两大方面，柏拉图的思想，无论在任何方面，都非常重视理性而轻视感官。他主张人生应该学习以理性驾驭感官。这也是为什么他的整个思想，可以说是一种"理性至上"的想法。

在柏拉图之后的哲学史上，笛卡儿也认为理性是最重要的先天知识的源头；康德认为理性可以清楚分辨各种是非对错，以作为行为的最基准法则；而现代哲学家罗尔斯则认为理性可清楚地告诉我们何谓正义。自柏拉图以来，有一条属于强调理性的传统，还一直不断影响着人类现在与未来的发展。

"理性"是什么？

"理性"这个名称感觉上好像很了不起，但从最简单的角度来说，其实主要就是一种逻辑与客观思考的本能。这种能力，可以摆脱个人情绪的干扰，面对问题时，容易得出和情感不同的想法。所以这种思考本能在处理人际关系问题上，会是比较无私的，因此，理性也是一种无私的思考。

举例来说，如果在无人的山中看到他人遗失的财物，由于不用担心被人发现，许多人在第一时间会生起贪念，想占为己有。但在这个时候，理性会跑出来，告诉自己这样做是不对的，想到的理由可能每个人都不太一样，有人只是很简单地诉诸道德规范，有人会认为遗失财物者很可怜，有人会认为贪图不当利益会干扰一个人的人格成长……总之，理由因人而异，但透过理性的思考，都容易得出不同于欲望的解答。

虽然我们对理性的这种作用习以为常，甚至会觉得很烦，但也因为如此，若仔细想想，人类有"理性"这种东西还蛮不可思议的。有人认为这是道德教育的结果，但很可能不是，至少有相当大的部分是天生的。例如，理性中的逻辑直觉应该是天生的。而且，虽然人们的欲望通常是通向私心，但内在总会出现一些无私的声音。事实上，当代发展心理学也发现，婴儿在受教育前就有相当程度的公平正义观念。虽然在许多情况下，人们不会遵从理性，甚至根本不予理会，但这股声音从不灭绝，这种可以跳脱个人私心思考的本能总是存在于人心中。为何人心中有这样一股神奇的力量？"理性"究竟是什么样的一种存在呢？

若从另一个角度来说，理性更是一个不可思议的东西。有时候理性好像有自己的生命与主见，会在某些时候突然出现在意识中，像是在跟我们对话。

这种像是对话一般的经验应该每个人都有。尤其当人想要做点违背道德的事情时，好像有个声音会在心里阻止："不应该这么做。"也因为如此，有人会讨厌这种感觉，想要尽可能地忽视它，久而久之，越来越得心应手，让理性的声音逐渐隐身在意识深处。但也有人会受到理性声音的干扰而不断在内心挣扎，当然，也有人直接投降，服从理性。

这种声音最明显的时候，可能是在我们过度沉迷于某些嗜好时，心中会一直冒出应该停下来的声音。如果仔细观察，会发现类似经验在日常生活中常常出现，提醒我们该改变现状。如果决定开始听从理性，让生活中的大多数时间，都依据理性的引导行事，那么，这就会是一个由理性主导的生命状态，柏拉图认为这是最理想的生命形态。这样的生命形态是否真的最好是有争议的，但如果我们好好把握这股理性的力量，就会发现它的好处超过我们的想象。

理性的敌人：欲性

当人们努力奋斗时，行动与理性一致，可以感觉到生活充实、愉快。但是，当人们感到空虚，觉得茫然无聊，不知要做什么时，大多是处于忽视理性声音的时刻。如果静下心好好想想，会清楚地知道在这个当下可以做些什么。只不过理性要我们做的，常常不是自己喜欢的，所以我们总是忽视它。

在生活中，有另一个驱动力经常和理性背道而驰。柏拉图称其为"欲性"。欲性指的就是人的欲望，尤其是跟生理上的享乐息息相关的欲望。例如，吃、喝、玩、乐都属于欲性。看到好吃的，就忍不住想尝尝看；遇到困难，觉得很麻烦，就想逃避。除了这些直接和感官感受相关的影响力，欲性也包含间接可以影响这些感官感觉的力量，像是钱财。因为有了钱财，我们就可以获得更多享受。所以对金钱的渴望、贪心，以及对权势的向往，都属于欲性的力量，影响着人生。

当然，欲性和理性并非总是有冲突。举例来说，当我们在自助餐厅享受美食时，刚开始，只要吃的不是对健康有害的食物，符合理性要求，那么理性与欲性并没有什么冲突。但是，吃到后来，当饱腹感逐渐出现，理性会告诉我们应该停下来了，但这时，正馋的嘴还不想停歇，驱使我们继续满足欲望，内心便开始有了冲突。

再举一例，当一位主管有权决定采购的厂商，如果其中一家是他的好友，或是有送礼，即使这家厂商不是最理想的，内心仍会出现一股作用力，驱使他做偏私的选择。但只要能摆脱内心各种欲望，运用客观逻辑思考的理性好好想想，就知道什么才是适当的做法。这时理性和欲性之间的战争便开始了。自古以来，此两者在人心中不断生起战事。然而，战况如何呢？

理性力量永远比不上欲性力量

反思生活上的各种抉择，就可以体会欲性强大的影响力。尤其如果有人曾经上瘾过什么，想要戒烟、戒酒，就会发现欲性的力量几乎是无可匹敌的，就算理智很清楚自己应该戒掉它们，还是不由自主地继续沉沦。因此，柏拉图也认为，欲性是人生中一股最大的力量，人们在绝大多数时候，都受到欲性的宰制，依据欲性的驱动力过生活。即使听到理性告诉我们该往反方向走，我们依旧朝着欲性驱动的前方前进，多数人不可避免地落入欲性管控的深渊而难以自拔。

所以当你发现自己无法呼应理性的要求，也不用太难过，因为连大哲学家柏拉图一样能体会到这种艰苦。反过来说，如果偶尔依据自己的理性，摆脱欲性的纠缠，那就应该要好好欢呼一下。

如果从这角度来看，其实人类不是理性的动物，而是欲性的动物，大多会依据个人情感本能在过人生。在理性力量被培养壮大之前，根本无法抵抗欲性。而培养理性本身其实就是一种对抗欲性的行为，过程必然非常艰辛，失败率也很高。不过，这当然不是人生最后的结局，人们还是有机会让理性来主导人生的。因为，除了欲性和理性两股作用力之外，人心中还存在另一股强大的力量。

柏拉图的"灵魂三分"学说

柏拉图主张，人的灵魂有三个部分：除了理性与欲性，还有一股能选择性地附加在理性或是欲性上的强大力量——血性。

当柏拉图在讲"灵魂"的时候，其实讲的就是人的心灵，只不过他认为心灵来自一个被称为"理念世界"的更真实的世界，人死后还会回到那里，所以心灵就是灵魂。在今天这个强调科学的时代，许多人不相信心灵属于那种可以脱离人体而独立存在的灵魂。我其实对此科学观抱有很大的怀疑，认为还是有一些理由可以支持灵魂存在的可能性。但这的确很有争议。然而，对不相信灵魂存在的人来说也没关系，只要把柏拉图讲的灵魂解读成心灵即可。

那么，什么是血性呢？举例来说，当人们不想被欲望操控，努力想改变自己，却一直不断失败时，可能会感到愤怒，一旦愤怒联合理性，便能形成一股强大的力量，一举冲破欲性的控制，转由理性来主导人生。这股力量，就是柏拉图心目中的"血性灵魂"。

"愤怒""意志"与"勇气"都属于血性灵魂，可以产生很强的驱动力。但这股力量通常不是单独存在，而是一种会选边站的加持力。例如，对于一直遭受欲性灵魂的控制，或是一直因为无法克服恐惧而不断失败，如果理性和血性联合起来，在愤怒或勇气力量的加持下，就有机会一举克服欲性的控制，让理性来主导人生。

但是，血性也并非总是跟随理性。举例来说，不断被人说教到很烦、很生气的时候，就算理性知道说的都是对的，血性仍会偏向欲性，置之不理，为所欲为。在这种情况下，就会适得其反。所以，不懂教育的人，别硬要教育别人，否则有可能越弄越糟。但问题是，要知道自己不懂教育，还得具有这方面的"无知之知"才行，这又不是件容易的事了。

另外，当我们嫉妒他人、见不得人好，或是因误解他人而感到愤怒时，都有可能让血性灵魂结合欲性灵魂，让心灵更加陷溺、远离幸福人生。

要防止这种负面的情况，人们往往认为需要培养属于血性灵魂中的意志力，来克服欲性对人的影响力，但事实并非如此。要对抗欲性，最需要培养的是一种清晰不受扭曲的理性思考能力，并且让理性指挥血性，共同对抗欲性。一旦做到这点，欲性灵魂便失去了对人生的操控权，我们便可以活得更自由自在了。

做不到计划要做的事情，并非意志力不足

举例来说，近来人们普遍有随时随地玩手机的习惯，想改变也很困难。当发现自己因为一直玩手机，让时间匆匆流逝，而做不到原本计划要做的事情时，我们很容易将其归咎于"意志力不足"。但这是错

的。针对日常生活中大多数事情，人们常会认为只要坚持就可以做到，但是"坚持"最重要的能量源头并非意志，而是理性。

虽然意志力确实有强弱之别，意志力越强就能做到越困难的事情。例如，据说有人可以憋气自杀。如果是真的，这就需要相当可观的意志力才有办法。我之前认识一个朋友，他一直觉得人生很虚无、没有意义，因此常有自杀念头。但他也主张，当我们还没有发挥足够强的意志力去改变人生之前，是不能轻易论断人生的。所以，他半开玩笑地给自己设了一个挑战，只要自己还没有能力可以憋气自杀，就没资格说人生只不过如此，因为当意志力够强时，说不定自己可以逆转各种人生困局，找到有意义的新方向。

然而，无论是否真有人有这么强的意志力，在日常生活中，其实并不需要什么了不起的意志力，只要有决心即可，决心来自不易被扭曲的理性思考能力。

举例来说，许多人早上起不来，会觉得自己意志力不足。但试着自我观察，如果真有很重要的事情非起床不可，就会发现意志力完全足够，起床并没有太大困难。或者，当戒烟的人突然很想抽烟时，如果只要求再戒个五分钟，无论烟瘾多大，对大多数人来说，一点问题也没有。在这种情况下，若要一直不断再坚持下去，意志力是足够的。

也就是说，人们实际上有足够的意志力做到这些事情。做不到的原因并不是意志力不足，而是思维会不断动摇，大脑会不断对正在做的事情产生疑惑，像是"何必现在起床呢？多睡几分钟又无所谓"，或是"何必完全不吸烟呢？少抽一点不就好了！"，甚至"只抽一根没关系吧！"。这些看似合理的理由，都来自欲性所主导的思考，当思考被扭曲，血性就不会跟随理性，也就无法克服欲性的干扰。

所以，在与欲性灵魂对抗的初期，我们真正要训练的，其实不是什么强大的意志力，而是不被欲性所干扰的理性思考能力。因为，当理性缺乏独立运作的能力时，它就容易变成欲性的奴隶，思考就变成协助自己满足欲望并且寻找借口的工具。当理性处在这种状态是毫无胜算的，人生将被欲性灵魂完全控制。如果不知道理性已经完全臣服于欲性的掌控，说不定还会以为这就是正常人生，忽略人生的其他可能。然而，只要理性没有被蒙蔽，它就会持续在内心发挥作用，让血性回归接受指挥，直到成功为止。

所以，理性灵魂最重要的战力，就是锻炼出一种所谓"独立于个人情感运作"的能力，脱离欲性干扰的思考方法。

培养独立运作的理性思考能力

当理性的思路可以不受欲性扭曲而具备独立性时，在闹钟响起的一瞬间，无论多么想要继续睡，思考都不会被扭曲，并且持续保持着"我应该要起床"的理性思路。虽然这样的理性思考力量还是很微弱，无法和想睡觉的欲性对抗，但是，思路只要不屈就欲性，血性就不会放弃抵抗。在这种僵局中，等到血性力量苏醒，便足以对抗欲性而成功完成理性的指挥。

要培养这种理性力量，其实并不是很困难，除了逻辑的客观思考训练之外，最重要的，是先克服一个不服从理性而产生罪恶感的心理障碍。当我们忽视理性的声音，会自然产生罪恶感，尤其道德观念越强的人，心理障碍越大。当无法克服欲性时，为了压抑这种罪恶感，人们便会扭曲思考，好让自己活得安心自在。但事实上，这是无用的。这种自在只是表面的，内心深处的不安并不会被抹平，只要闭上眼睛感受一下，就会发现它依然在那里。所以，要锻炼理性的独立性，就不要在日常生活中寻找借口，就算自己想服从欲性去享乐，也要接纳这样的自己。

当理性可以具备不受情感干扰的思考能力时，会出现一个有趣的现象。理性思路可以从欲性思路完全分割出来，在大脑中，形成两条分离的思考路线，并且在某种程度上互相矛盾地共存。在这种共存的时机里，只要血性灵魂习惯性地和理性灵魂合作，人们就能够过一个由理性掌控的人生了。这种主张让理性来掌控才能获得美好生活的人生观，也就是柏拉图灵魂三分主张所衍生出来的人生智慧。

以理性的力量穿越情绪的狂风暴雨

这种人生智慧对生活的帮助很大。特别是，它让我们无论在多么慌乱的情况下，都能保持冷静的思维。

举例来说，如果有一天我们遇到了一件令人非常生气的事情，并且产生一股想要报复甚至毁灭他人的念头；或者，遇到一个极大的诱惑，无论是金钱还是美色，让人心猿意马时，在这种容易让我们做出错误判断，或是过度冒险的抉择时刻，如果有个冷静的思维在运作，就有机会暂时脱离心灵的混乱，找出较好的方向，远离危险处境。

尤其对许多有情绪困扰的人来说，无论是忧郁、焦虑、恐慌，当人们内心情感处于狂乱的状态，无论它如何狂乱，无论理性的力量多么微弱，只要能继续保有它，不让欲性灵魂制造出来的扭曲观念占领人心，理性就会在内心的黑暗深渊中点亮一点微光，只要能保持那一点光明，人们自然而然会走向它，被它照亮。这时会发现，我们所忧郁的、焦虑的、恐惧的，都不是真实的理解，都是过度放大或是过度扭曲的想法，在这时刻，迷雾会逐渐散开，狂乱的心得到平息。只要能保持一个不受情绪干扰的理性灵魂，就有机会引导心灵远离黑暗。

我过去也曾有一段时间陷入恐慌症的情绪旋涡里，只要恐慌发作，就容易把当时的状态和恐慌连接起来。例如，有一天在地下停车场身体不适而恐慌起来，从那时起，我就开始对地下室感到恐惧，并且尽量避免前往。有一天，我在高速公路塞车时恐慌起来，担心会被卡死在车阵中，从那时起，我尽量避免上高速公路。又有一天，我在地铁上看见车门关上时恐慌起来，担心永远被关在里面出不来，所以后来我避免搭乘会关门的地铁、公交车、火车。有一天，我骑脚踏车在无人的山路上恐慌起来，从那时起，我避免上山。就这样，我越来越不想外出，整天躲在家里。但这样也逃不了，有一天我在夜晚恐慌起来，突然觉得夜晚很可怕，从那一天起，我对黑夜来临感到恐惧，很想逃离，但是，根本就逃不了，黑夜还是一样会来。对有恐慌症的人来说，"逃不了"的念头是一件很可怕的事情，它会带来更大的恐惧，而且这种恐惧大多难以负荷。

我当时的情绪反应其实就是典型的恐慌症心理现象，和他人无异。但是，对我而言，还是有一点非常不一样，因为经过长期的哲学训练，我在那之前就已经练出独立理性思考的能力，所以，在经历这些从头到尾的过程中，都有另一个"我"，在旁冷静观看（其实说"冷眼旁观"也有点像），这个属于理性灵魂的我非常清楚这一切都是错误认知。只不过即使知道，它的力量过于微弱，而在血性灵魂中，也没有足够的勇气协助理性，于是整个人还是陷在恐惧的深渊难以自拔。

　　但光是"知道"，其实就已经很有用了。这有点像是进入一个幻觉的世界，那世界充满令人恐惧的幻影，虽然一样会引发恐慌，但只要在理性上知道这些都是假象，就有机会克服它，甚至征服它。

　　因为"知道"，所以等到有一天，不甘这样持续下去的我对现状感到愤怒，并且激发了勇气。于是，当血性灵魂出马站在理性灵魂这边，决定要扭转一切时，理性便展开了复仇计划。尽管安于现状、想要继续逃避的欲性灵魂会不断找借口拖延，并且表示这样的计划不妥，但理性决心前进，所以宣战日终于来到，我决定跟随理性，开始"冒险"，进入各种情感上觉得可怕但理性认可的地方。在不断挣扎与内心交战的历程中，虽不是每次都完美获胜，但是成功面对的次数越多，就越能确信自己的信念，而且它还带来了各种攻克难关的喜悦。我甚至经历了一次人生中非常意外的大收获。

有一天，当我独自在山区面对一个非常大的内心恐惧时，恐慌感伴随着一股强烈的想法不断生起，"若不赶快回头逃离，就会死在山中，在无人知晓的情况下消失在这世上"。当这样的想法伴随恐慌生起时，由于这种恐惧是超过内心负荷的，通常我会毫不犹豫地立刻回头逃走。就算是在高楼上，也甚至会有立刻跳下去的冲动。有过这种体验，就可以理解为何大楼失火时，会有人直接跳楼了。明明留在上面还有机会，而跳下去一定死，而且跳下去还是为了求生存，这不是很矛盾吗？的确是，但在恐慌的瞬间，人们的理性容易被掩盖，如果这时完全依赖直觉行事，会以为跳下去比较安全。所以，一次又一次地，每当遇到这种难以突破的内心瓶颈，就只能回头了。

每次回头后，都会有一种又被恐惧击败的挫折感。然而那一天，我选择依据理性行动，"这一切都只是虚妄的想象"，所以我继续往前走，但越是向前，恐惧越大，引发的生理反应也越强，心跳急促、头昏、发麻，甚至喘不过气，也因此更加觉得再不回头就真的会永远回不去了。

就在那一刻，我不知哪来的强大血性灵魂的作用，强硬抵制了想要逃离的欲性灵魂的掌控。我坚持向前，不管发生什么事，决定放下一切，不理会任何后果。在那场内心交战中的某一刻，不知为何，理性与血性灵魂的联手突然完全征服恐惧，那原本完全占据心思的强烈恐惧感瞬间化为乌有，就在那一刻，我经历了"心雾散去，返回本心"的心灵状态，窥见人内心最原本的样貌。

原来，在日常生活中，我们的内心周围有太多的思绪迷雾散布着，让我们无法看见本心。那时，强烈的恐惧驱散了所有其他思绪，占满内心。一旦恐惧感突然消失，其他思维迷雾又还没能生起、散布，便进入了完全澄明的内心世界。这样的本心，是纯粹的安心与喜悦，任何风吹草动，都令人心动微笑。

这个经历，赋予理性灵魂更大的信心与力量。最后，这个恐慌梦魇就逐渐被打破了。那最初不受干扰的一点点理性之光，只要继续存在，就可以等到时机成熟时，转变成巨大的力量，带领我们通过情绪的惊涛骇浪。

就在经历那场天人交战后的傍晚，我收到一位朋友传来的讯息，他说，当天他做了一个非常清晰的梦，梦见他和我两人一同在山路上走着，走到了山顶，他看着我走进一个他进不了的门，里面充满喜悦之光与新的挑战。

这个信息很令人惊讶，尤其对一个长期从唯物角度研究心灵与意识的学者来说，更是一件不可思议的事情。当然，最简单的解释是：这只是一个巧合。但是，也很可能不是。人的意识，很可能比我们目前所想象的，要更复杂、更神秘。

理性独大的风险？

然而，或许有人会觉得理性主导的生命太无趣，像个机器人一般过生活。但事实上并非如此，理性人生也有其愉悦的一面，像是成功完成一项艰难任务的成就感、克服内心各种欲望的充实感、阅读而增长知识的乐趣，以及大多数学生都可以体会到的解出一道数学难题的愉悦感。许多人确实偏好这种属于宁静、祥和、满足的喜悦人生。

不过，当理性过于强势时，的确会抑制生命中许多跟欲性相关的美好事物。柏拉图哲学容易走向全面否定欲望的禁欲主义，这样的人生即使较能成功、较少危害，但对许多人来说，是比较枯燥乏味的。所以，当人们希望人生过得更丰富时，这种单纯理性的人生并不能满足他们的期待。

十九世纪的哲学家尼采发现了这点，反对用理性压制欲性，提出一个较为平衡的提案。虽然欲性的过度放纵会导致人生的混乱，但如果适度释放欲性，只要不失控，便可以享有更丰富、更多彩多姿的人生。他认为真正的美学人生不能仅有属于理性的美，仍须混合属于感官欲性的狂醉之美。

事实上，虽然柏拉图自己选择了比较禁欲的生活，但他或许不会反对这种与欲性和谐共存的生活形态，其实只要能以理性主导人生，就没有什么好挂虑的了。只不过，要在不禁欲的情况下拿捏好各种欲望的享乐又不过度、不失控，像是走在平衡木上，任何时刻都能保持稳当的步伐，必然是件更为困难的事情。但如果真能做到，的确会是一个更符合美学的人生形态。但谁能真的做到呢？历史知名人物算一算，屈指可数。也或许，真正具备大智慧的人，反而是历史上默默无闻的市集隐者，享受着不为人知、无人打扰的美丽人生。

问答 与

　　白取春彦： 如果说理性是分析和判断状况的长官，那么是否可以把血性理解成"供给理性燃料的后勤运输部队"呢？

　　冀剑制： 这是一个生动有趣的比喻。由于血性主要是一股强大力量，将它解读成燃料确实是一种有助于理解的想象。拥有越多的血性燃料，人们就拥有越强的理性力量，能够克服欲性困境。但是，这个比喻仍有两处不太一样。

　　第一，血性的力量和一般力量不同，属于强化的加持力。柏拉图认为，理性本身就已经具备某种程度的力量，但不足以对抗欲性。有了血性加持之后，力量倍增，则足以对抗欲性。所以，在这个点上，用燃料来比喻血性便不够精准。如果用那种可以强化动力的燃油添加剂来比喻会更传神。

或者也可以用汽车的"换挡"来比喻理性与血性的差异。想象理性是一辆车子，但只能用四挡行驶。在没有阻碍的情况下行车顺利，但遇到艰难的欲性陡坡时，理性力气便不够，爬不上去，无法克服。这时血性出来协助，如同把车子换到最强的一挡，便可以在人生道路上克服欲性所造成的障碍。

第二项差异在于，血性不仅可以和理性交朋友，它也可能和欲性结合，让人陷入更大的困境。在这种情况下，如果用上面的比喻来说，血性就像是换到倒车挡，让车子更容易坠入谷底，像是堕入深渊的人生一般。

欲性

血性

理性

3 跟着亚里士多德检视"幸福"
——幸福取决于自己

　　亚里士多德是柏拉图的学生。在整个西方哲学史上，他大概可以算是最多产、最博学以及学术贡献最大的人。在思考幸福人生的问题上，他主张，幸福人生，不假外求、不靠运气，由自己决定。

　　这个说法听起来好像很不错，但老实说，我在大学刚读到时，一点也不觉得它是事实，这比较像是空泛的励志言论，或者更像是伪君子唱的高调。而且，很显然整个社会并非如此，大多数人都在追求一些明显可以让自己感到开心的外在事物，想要拥有什么，就去追求什么。如果不赶快努力跟人竞争，不是要吃亏了吗？

　　事实究竟如何呢？是亚里士多德错了，还是社会都在错误的追逐中迷失了？

婚姻幸福论

虽然亚里士多德认为"幸福不假外求"，但我们明明获得某些想要的外在事物就会感到幸福，如果一直不断追求可以让自己幸福的东西，不就可以获得幸福人生？

这是个非常重要的问题，因为如果我们以为会让人幸福的东西，事实上只是一种错误的迷思，那费尽千辛万苦去追求，浪费时间又得不到幸福，就太糟糕了。所以，我们先来仔细思考看看，对普罗大众来说，哪些东西可以带来幸福。

现代人最常谈到"祝你幸福"这句话的时机，是在人结婚的时候。也就是说，人们认为结婚就是为了追求幸福，而且最容易获得幸福的方法，就是婚姻。反过来说，没有结婚的人，大概就会由于无法获得幸福而被同情了。

虽然这样的观点还散布在社会上许多角落，但已经有很多研究可以确认："这是错的！"

观察日常生活其实就可以发现，婚后感到幸福的人的确有，但反悔的人也相当多，外加当今社会的高离婚率，以及同时可以发现有很多幸福的单身人。除了对周围的人做社会观察之外，目前也有许多较严谨的科学研究对婚姻与单身做比较，在幸福感方面，两者并没有明显差异。也就是说，婚姻本身，其实不会带来幸福。所以，得不到婚姻的人，或是不想结婚的人，不用感到失去了什么。当然，研究结果也不至于显示结婚会带来不幸。所以结婚的人，以及想要结婚的人，也不用担心。

虽然结婚本身不会带来不幸，但当我们误以为结婚就是幸福时，这个观念倒是有可能带来不幸。就如同在世界各地创办"人生学校"的艾伦·狄波顿（Alain de Botton）所说："婚姻是现代世界充满痛苦的制度，因为世俗社会对其抱持一项假定，认为走入婚姻主要是为了追求幸福，以致为这种结合增添了毫无必要的煎熬折磨。"简单地说，有些人误以为结婚就自然而然会幸福，但后来发现不是这样的，预期的落空让自己感到痛苦，甚至后悔，也因此错失了从婚姻中获得幸福的契机，反而破坏了两人的关系，从而导致不幸。

事实上，结婚是有可能带来幸福的，但重点不是结婚本身。就像哈佛大学幸福学教授塔尔·班夏哈（Tal Ben-Shahar）所说："维持幸福婚姻最重要也是最难做到的一项因素，不是找到合适的另一半，而是好好经营自己选择的婚姻。"

从这些研究发现，获得幸福的重点不是结婚，也不是选择了哪个对象，而是两人缔造出了什么样的关系。只要掌握了与人相处之道，就掌握了制造幸福的力量。所以，婚姻本身，其实不会带来幸福。而那些婚后幸福的人，并不是因为结了婚，而是制造了良好的两人关系。要与人有良好的关系，也不一定要通过婚姻。从这个例子来说，的确如亚里士多德所言，获得幸福的关键，不是拥有什么外在事物，而是你是什么样的人，你能否与你所选择的人缔造良好关系。

至少从幸福人生的角度来说，别再把结婚当作人生理所当然的方向，也不要误以为那是幸福的来源，更不必把单身视为不幸的下场。

当然，结婚有其价值，建立家庭、生儿育女都是婚姻的价值所在。选择婚姻，等于选择一种人生道路，但无论是哪一种人生道路，都可能通往幸或不幸。

追求幸福等于追求财富？

其实，现代很多人已经发现，结婚不一定会带来幸福。只不过社会大众都觉得结婚就是幸福，未经思考便接受这种文化传统。除此之外，社会上多数人也认为，金钱才是幸福的关键。但真是如此吗？

当然，有富裕的物质生活大体上是令人开心的好事。但问题是，这些能带来多少幸福呢？当我们仔细反思时会发现，富裕的物质生活甚至不一定会带来快乐，因为习惯后就很平常了。举例来说，如果有人送你一个一百元的礼物，你会很高兴吗？多数人不会！但如果是一个生活在穷苦家庭的小孩，他可能会非常开心。随着生活的富裕，快乐的标准会越来越高，最后，礼物本身不再能产生乐趣，顶多只能展示在网络上，让那些想要又得不到的人羡慕一下，享受一下让人羡慕的乐趣。可是，这样的乐趣是空洞的，不是那种满盈的喜悦，无法让人感受到幸福。

所以，追求幸福人生的最大误解，大概就是关于金钱扮演的角色。很多人误以为有了够多的钱，就可以从此过着幸福快乐的人生，于是把赚钱当作人生中最重要的一件事。其实稍微思考一下就可以发现，如果这是真的，就表示有钱人大多很幸福快乐。但实际上并非如此，即使是从小不用吃苦就享尽富贵的富二代，他们的平均快乐程度，不见得比一般小康家庭长大的孩子好多少。而成功嫁入豪门的贵妇，除了多一个可以炫耀的空洞快乐之外，也不见得比嫁入一般家庭的女人更幸福。

不过，大多数人会以为这是个人问题，觉得自己跟他们不一样，或者是因为他们不懂得满足，而自己的欲望不会太高。只要想象天外突然飞来一大笔钱，可以做好多之前不能做的事情，就会觉得充满幸福。

这个想象是没有问题的，但实际上，每个人都认为在已习惯的现状下不够幸福，并误以为幸福就在不远前方（钱再多赚一点）的下一阶段。但既然已经在下一阶段的人并不觉得幸福，就表示那不会是幸福的终点站。跳脱财富的迷思，重新反思幸福的要素，我们可以发现，决定一个人是否幸福的因素还有很多，财富只是其中一个相对较小的因素。

亚里士多德早在两千多年前，就已经很清楚地否定金钱是带来幸福的主要因素。但财富仍在历史上牵动着人性，不断制造许多不幸事件。这也同时彰显了柏拉图所看见的欲性力量对人的作用力有多强了。

事实上，即使我们了解金钱并不是获得幸福的主要舵手，但还是可能落入某种甚至不惜折损幸福去追求金钱的陷阱中，本末倒置追求着一个荒谬的人生。这股误导人生的力量，并非朝向幸福，而是受到欲性的宰制而通往不幸。

金钱对追求幸福的价值

不过这里要注意的是，金钱虽不是带来幸福的主要因素，但物质生活的过度匮乏，就很可能带来痛苦与不幸。现代幸福学研究指出，某种程度的金钱是必需的，但只要够温饱，多余的金钱带来的幸福相当有限。

亚里士多德只是主张金钱不是追求幸福最重要的东西，但他并不否认金钱在追求幸福中可以扮演正面的角色，他将金钱称之为外在的善，也就是内心之外可以趋向幸福的动力。他主张："当我们想追求某些美好的事业，如果没有金钱，就算不是不可能，也是很难的事情。"所以，如果善用金钱，它的确会带给我们更多的幸福，但一心一意地盲目追求更多的金钱，忽视周围的人、忽视唾手可得的幸福，自然是本末倒置的做法。

举个例子来说，要得到幸福快乐的人生，亚里士多德认为为人处世的能力比额外的金钱更有帮助。当你拥有许多好友，互相拜访、互相帮助、关心、闲聊，都可以获得幸福快乐的感受。不妨观察一下，在地铁电车上一眼望过去，我们几乎看不见笑容，满车都是疲惫、冷漠的面孔。一旦偶然看见笑容，这人要不是身旁有朋友，大概就是正在和朋友讲电话。如果仔细数一数自己的开心时刻，可以很容易发现，这些时刻很少是用金钱换来的，只需有良好的人际关系，就能免费获得。只不过这些免费的东西，常常被我们忽视。而且有时候，人们还会为了计较一点点金钱和朋友撕破脸，这就真的错得离谱了。好的友谊，甚至比金钱更能让人获得幸福。当我们汲汲于追逐金钱，却忽视友谊，甚至破坏友谊，不是一种很愚蠢的行为吗？

究竟获得什么，可以带来幸福

在追求幸福快乐的人生中，另一种常见的误解是，我们常常以为某些东西会带来幸福，只要得到了，就能获得幸福快乐的人生，像是买到高档手机、获得升迁，甚至是中大奖。而事实上，这些大都只是短暂的快乐，虽然短暂的快乐也是人生中重要的部分，但它们无法带来长久的幸福感。

那么，究竟是谁、是什么东西，可以带来幸福呢？依据亚里士多德的智慧，"幸福不假外求"。我们无法依赖任何人、任何事物获得幸福，只有自己的某些能力与内在性质，可以带来幸福。这个观点，其实也与现代幸福学研究相吻合。

多数人大概还是不太容易认同这个说法。会有这种现象，也很容易理解，因为欲性的满足会得到快乐，对人的吸引力很大，我们自然而然会误以为这样很幸福。事实上，我们却可能因为陷溺而导致更大的痛苦。亚里士多德在这个观点上，是支持柏拉图的，他认为欲性的快乐必须受到理性力量的节制，当处在节制状态，才能获得绵延的喜悦，才有可能获得幸福。凡是来自外界的人、事、物，都有类似的问题。但有许多心灵内在性质，可以直接通向喜悦与幸福。

简单地说，我们之所以会误以为追求满足欲性的快乐就是追求幸福，是因为没有分清楚快乐与喜悦的差异。喜悦是一种较为静态也较能持续的快乐，而这种快乐，比较接近幸福感，也比较能带来幸福。但由于平时我们习惯追求欲性的快乐，而非心灵的喜悦，所以大多数人的生活方式只是自以为在追求幸福，事实上却不断在远离中。

快乐 vs 喜悦

快乐可以分成两种，一种是属于会带来幸福的，另一种是跟幸福无关的，甚至还会带来不幸的。

这种区分方法很简单，因为幸福是一种长时间的感受。当我们获得快乐时，想想看，这个快乐可以持续多久，等到未来我们回味这份快乐时，是否仍有喜悦之心？

举例来说，吃一顿几千元的大餐，或许在吃的时候我们很享受，但吃完后呢？没了！再好吃的东西，都只能给我们短暂的快乐，甚至如果吃太多，还会带来反胃与不适，降低幸福感。如果是明明吃不起还硬要去吃，那就必须承担失去金钱的痛苦。就算是别人请客，也只不过是短暂的快乐罢了！如果还欠人人情，那就不一定值得了。

人们大多好逸恶劳，觉得这样很享受人生，但这也是短暂的快乐，长时间下来，会愈来愈没有动力，反而感到更大的不幸。

但是，许多快乐是可以回味很久很久的。

有一年冬天，我所任教的位居山区的华梵大学非常冷。有个学生在网络上发文："冷死了，我才不要在这种天气上学呢！"

没错！在这种天气上学是件痛苦的事情，一点都不快乐，但是它也颇有挑战性，如果抱持着好奇、有趣的心态，其实里面也有着乐趣。而且最重要的，也是我对这个学生说的："如果你来了，你未来可以向你的小孩夸耀一辈子。尤其当小孩天冷不愿意起床时，你就可以说，爸爸以前是在寒冷山区上学的。"

许多事情，短时间内或许让人不太快乐，长时间下来，却可以让人增加自信心，而且它没有使用期限，任何时间回忆起来，都会让人有满盈的喜悦感。这样的事迹累积多了，怎么可能会不带来幸福的感受呢？

所以，与其追求"快乐"，不如追求"喜悦"。喜悦是一种较为平淡，但更能持续的满足感。这种满足感比一般的感官快乐更接近幸福。

美好内在 vs 道德规范

亚里士多德主张，幸福之钥在于容易导向喜悦与幸福的各种内在品质，只要拥有这些美好内在，就能经由喜悦通往幸福。

举例来说，"宽恕"是一种能够导向幸福的美好内在。但须特别厘清，它和仅仅遵守"原谅他人"的行为规范不同。前者是一种内在涵养，后者只是行为规范。对缺乏美好内在而只是遵守道德的人来说，当别人做错了什么事情妨碍到自己时，就算心中生气，也要压抑下去，表现出没关系并且说出原谅别人的话，但是内心可能完全没有一个宽恕的心灵状态。这种压抑，虽然可以避免立即的冲突，却不会让人感到幸福，相反的，还可能给人带来痛苦。但如果具有宽恕的美好内在，就容易打从心里不生气，从心中原谅他人，不需要压抑任何情绪。就算生气了，也能很快化解怒气。

就像有人喜欢帮助别人，觉得帮助别人很快乐，只要一个人会自然关心别人的感受，会因为自己做出一些事情使别人快乐，而自己也感到快乐，那么，这样的人就有"助人为乐"的美好内在。否则，若只是遵守"应该帮助别人"的行为规范去帮助别人，有时反而会感到不快乐，因为可能会觉得自己帮助别人而失去了一些东西，或是难过为什么没人来帮助自己。

美好内在编织心情的保护网

许多年轻人在进入职场后，常常感到难以适应，原因之一是容易遇见自私的主管，其所作所为，大多只是依据个人利益，忽视他人，却满口仁义道德。而且有时他们还真的误以为自己是个好人，在争取个人利益，以及掠夺他人利益的同时，他们总能理直气壮讲出一些冠冕堂皇的理由。当我们不想与人争执，或在职位上无法对抗时，就只能气在心里，或到处抱怨说人坏话，借以发泄情绪。但是，不管哪一种做法，都会破坏我们的幸福人生。

遇到这类人我们会很不快乐，明明不是我们的错，自己的幸福生活却遭到破坏，到底该怎么办呢？

事实上，这类人数量很多，人人都有可能遇到（而且说不定自己也是，只是不自知），这就考验着我们的内心，是否具备由美好内在编织而成的心情保护网，借以留住幸福。

宽容心可以化解由他人的自私所制造的怨恨。扫除怨恨的作用，心情就轻松许多。当然，宽容并非放纵，需要有个限度。如果对方所为严重违法，自然是报警，不宽容。但是，如果不严重，只是忽视他人利益的自私行为，当我们又对其无可奈何时，宽容变成了最好的防御手段。既然无法改变他人，至少不要让自己的幸福被破坏。这样的内在品质，可以让我们不受干扰地走在通往幸福的道路上。

培养美好内在的第一步

然而，说起来很简单，但要宽容"这种人"，怎么可能做得到呢？老实说，只要愿意，并不是很难。

首先要有意愿。意愿就是认识这条幸福之道，而且愿意为了追求幸福，暂时放下他人的恶。许多人放不下，一直把别人的恶放在心里，心中不断诅咒，到处抱怨，以为是在报复，实际上对方毫发无损，受伤的是自己。难怪有句俗话这样说："放过他人，就是放过自己。"

当然，如果可以改变现状，自然值得去努力；但如果没办法，最好的办法就是改变自己。既然要追求幸福人生，就把这种情况当作训练自己的契机，只要训练出这样的内在性质，未来就更不用担心他人来干扰自己的幸福人生了。

事实上，我也曾经有过类似的困扰，每天一想到就气得要死，遇到无关的朋友，就想跟他们说那些人有多糟糕，但后来发现这样做坏处很多。第一，没人喜欢听人抱怨，因为抱怨的言语听起来不舒服，当我们把自己的问题说给别人听时，也一样在破坏别人的幸福。第二，听的人会担心你是不是也在背后这样批评他们，这对人际关系来说是件坏事。所以，后来我决定遵从亚里士多德的方法，培养这种宽容心，久而久之，还真的愈来愈得心应手，让生活减少了很多愤怒，活得更自由自在。

宽容的幸福魔法

当我们拥有一颗较宽容的心，除了可以避免愤怒的不幸福时光之外，还有至少两个好处。第一，减少人与人之间的冲突，帮助人们进行沟通，也能迅速发现误解。解开误解后，人们通常会很庆幸自己第一时间没有做出任何不当的举动，或说出不当的言辞。这个收获自然也改善了人际互动，增进生活的幸福感。

我就有亲身体验。一天清晨，我到街口一家知名豆浆店买一瓶豆浆，那天的服务员是个外国人，她从热腾腾的大锅中舀起一瓢，慢慢装进小瓶子里，但是没有拿给我，而是开始装第二瓶。由于当时下着雨，雨声有点大，加上她是外国人，中文也许不是很好，所以我猜想，她可能听错我要的数量了。于是我比出"一"的手势，提醒她只要一瓶。她抬头看看我，点了点头，装完第二瓶后继续装第三瓶。"这太诡异了！"我想着，"该不会误以为我要再加一瓶吧！"所以，我提高音量大声说："我只要一瓶！"这次，她听懂了，但显然以为我改来改去耍她，便生气地抱怨骂人。

或许是因为我有过宽容之心的训练，也或许只是当天心情较好，即使这样被骂，我却一点也不生气，而是感到很无奈。她骂完后大概也觉得这样不好，或者发现是自己听错了，所以抬头时面带歉意。但她看到的，不是通常会出现的愤怒面孔，而是一张无奈的笑脸。所以，她也笑了。

之后，我再去这家豆浆店时，感觉总是被亲切对待，甚至在人多时，我的餐点也好像比别人的先到。虽然这样不太公平，但就带着喜悦的心情接受吧！宽容的心，怎能不带来幸福呢?

宽容了别人也同时宽容了自己

宽容的第二个好处：更能体谅过去的自己。在成长的过程中，人们受到欲性灵魂的制约，难免做出一些自私的坏事，事后想想，总觉得汗颜。当我们一直抱持这种愧疚之心过日子，总是无法轻松自在，甚至有人会觉得自己没有资格获得幸福，下意识地给自己惹麻烦。当我们学会宽容别人，同时也能学会宽容自己，与其不断自责，倒不如做点更有意义的事情，放下心结。

小时候，我家巷口的马路边，有位老先生每天推个小推车摆临时摊，做些给小朋友抽纸牌得奖品的生意。每当有我很喜欢的奖品时，我稀少而珍贵的零用钱就会浪费在那边。后来出现当时很流行的怪兽公仔，大家虽然非常渴望获得，但抽中概率很低，几百张牌中，只有一到十号能中奖。感觉上就是不太可能的事情。

没过几天，一个邻居小孩没花多少钱就抽中两个怪兽，运气好到让人羡慕。但他偷偷告诉我，那不是运气，而是作弊。他先去抽牌，例如，抽中235号，就回家用小刀轻轻把前后的2和5刮掉，剩下中间的3号，然后再去冒领奖品。

我听了觉得很神奇，原来这么简单，可是也有点不太相信，因为不管怎样都会有刮痕，骗不了人的。不过邻居小孩说，老先生眼睛不好，看不清楚。虽然半信半疑，但受不了怪兽公仔的诱惑，我决定试试看。但我的手太笨拙，纸牌不是被刮破就是被弄脏，根本就做得不像，也只好放弃了。邻居小孩倒是"很好心"，自告奋勇帮忙刮。之后我带着忐忑不安的心情如法炮制，然而大概那几天大奖出现太频繁，老先生很怀疑，所以仔细看着得奖的小纸牌，翻来翻去检查好久。我站在旁边紧张死了，还得故作镇定。最后，他的确看不出（对我来说还蛮明显的）刮痕，然后把奖品给了我。

刚拿到奖品时我开心极了，想不到这么简单就可以获得自己想要的东西，欲性灵魂得到了满足，我感到很幸福快乐。但是，时间越久，快乐越小，内疚感却越强。内疚时我就自我安慰，其实我浪费在老先生店里的钱，早超过那个怪兽的价格了，所以就当是补偿好了。理由听起来不错，却无法安抚内心。过了一阵子，我还故意把它玩坏，以为可以降低心中的不安，但一样没用。

当我更清楚地意识到这种心理负担，就决定多花点零用钱去买老先生的纸牌。但很不凑巧，老先生一连好多天都没出现。"他是不是生病或甚至死了呢？"想起他用很吃力的眼神检视我的作弊纸牌，我心中更是过意不去。幸好，几天后他又出来摆摊，但天气明明没有很冷，他却穿着外套，围上围巾，还一副病恹恹的样子。于是，我每天放学后都去买纸牌，虽然什么也没抽中，却甘之如饴。不过，只有短短几天，之后他又消失了，而且这一次，就真的没再出来过。

长大后我才了解，遇到这种情况，道歉面对才是正途，但那时的我压根没想过这个选项。这种未能弥补的内疚与遗憾，潜藏在内心深处，成了一根无法拔除的刺。直到后来学会宽容别人，也逐渐学会宽容自己，让内心世界走向和平。

光是一个宽容的美好内在，就可以减少许多不快乐，带来许多幸福。当我们具备各式各样的美好内在，自然就更容易获得幸福人生。

德性 vs 美好内在

亚里士多德所谈的"美好内在"常常被译成"德性"。用这个词来解读亚里士多德的幸福观容易产生误解，因为"德性"这个词的意义会被联想成与道德相关的内在。虽然它们也属于"美好的内在"，但亚里士多德谈的幸福无关道德。尤其亚里士多德也主张道德不是人生的目的，因为他发现许多有德之士遭遇最不幸的命运，而有德却不幸，在亚里士多德眼中，无论如何不会是一个幸福的人生。

在哲学上，有所谓的"德性伦理学"，谈的就是跟道德相关的美好内在。除此之外，还有一门学科称为"德性知识论"，谈的就和道德无关，而是关于容易获得正确知识的美好内在，像是反思习惯、对可疑讯息的敏感度、逻辑思考力，甚至是丰富的知识，等等，这些也都属于获得幸福的美好内在。还有些美好内在跟知识与道德都无关，就像西方传统很重视的"勇气"，这是勇于冒险、努力实现人生梦想、面对困境时克服困难的一种美好内在。美感的品味能力也和道德与知识无关，但都能通往幸福人生。

学习美好内在的窍门

那么，要如何培养这些能够导向幸福人生的美好内在呢？亚里士多德主张："去做，然后养成习惯。"以宽容来说，遇到可以宽容的事情时，就尽量多宽容，转化内心的感受。重点是真的要去转化内心的感受，尝试发自内心的宽容，而不是只做表面功夫。刚开始的确很难，感觉怎样都没办法转变，就像学习一门新的技能，起初会觉得根本不可能学会，但尝试久了，越来越顺手，也就逐渐培养出能力来了。针对这种获得幸福的诀窍，最简单的例子大概就是"早起"。多数人觉得每天被闹钟叫醒很痛苦，而睡到自然醒才幸福，所以非常期待放假。但事实上，要获得这种幸福没这么困难，只要养成早睡早起的习惯就可以了。虽然培养过程有些辛苦，但几天就可以成功，未来继续保持即可，何乐而不为呢？

其他能够导向幸福的美好内在还有"勤劳"。勤劳的人不怕多做事情，也不容易感到厌烦。而且当我们做了很多事情之后，只要负荷不过大，即使都是小事，也会很有成就感，而且容易受人肯定。这些都能让我们感到幸福。训练方式也是一样，就是多做事情，在做的时候，转变心意，尽量让自己不要觉得吃亏、不要觉得厌烦，久而久之，就能培养出勤劳的美好内在。

"勇敢"也是。勇敢并非一定无所畏惧，而是即使感到恐惧，仍然勇往直前。所以，培养的方式也就是常去做那些让人感到害怕，但在理性思考后认为该做的事情。久了就越来越能面对恐惧，自然具备了勇敢的美好内在。

其他像是慷慨、智能、善良、诚实与公平等，都是属于能够带来喜悦、让人生走向幸福道路的美好内在。只要开始培养，人生就转向幸福。走得越远，各种美好内在越深化，就越能获得幸福人生。

我想，这个幸福的主张应该是没有错的，任何一个开始走这条路的人，大概都能立刻感受到它的吸引力。想要追求幸福人生，多听听亚里士多德的智慧之言，减少错误与盲目的追寻。

　　白取春彦： 现代很多人认为幸福是有条件的。这些条件中的首要条件就是拥有充裕的金钱。诸如"做 ×× 需要 ×× 条件"，他们认为幸福必须满足一定的条件才存在。然而这种想法本身就已经偏离了幸福的本质。冀老师认为有什么可以作为打破这种思想的铁锤呢？

　　冀剑制： 现代人大多认为，钱是获得幸福最重要的东西。然而，从哲学思考的角度来看，这是一个迷思。这个迷思的关键在于，我们常常误以为幸福可以借由许多短暂快乐累积而成，由于拥有金钱确实可以获得许多短暂的快乐，所以误以为金钱是获得幸福的关键因素。当然，如果人生可以被短暂的快乐充满，自然是幸福的。但问题在于，许多由金钱获得的短暂快乐必须付出代价，而这些代价，会降低幸福，甚至带来不幸。那些不属于美好内在的外在条件大多有此特质，每个人在自己的生活经验中，都可以清楚地看见。只要理性看见了真相，就等于获得了一把白取老师期待的铁锤，敲破迷思。

迷思一破，我们便可继续运用理性，脱离"未经检视的生命"航道，开始过一个迈向幸福的人生。

美德

幸
福
大
道

Descartes

Hume

Kant

彻底改变思维模式

/冀剑制

第二章

4 跟着笛卡儿检视 "怀疑"
——通过怀疑发现自我

　　笛卡儿是十七世纪的法国哲学家，他留下一句名言："我思故我在。"虽然很多人都听过，但大部分人其实不太清楚它的真正意思。

　　有一天，我坐在一家咖啡店里，后面有一男一女。这两个人的关系感觉上是处于"暧昧状态"。彼此似乎都对对方有意思，但又不好意思说，只能借机暗示。由于不确定对方的心意，不敢表现得太明显，彼此偶尔还会故意摆出一副对对方没兴趣的样子。有趣的是，在这种状态下，只有当事人不知对方心意，外人却看得清清楚楚。

　　恋爱中的人大多缺乏自信，男人拼命想表现，说了一堆个人想法，又很爱用哲学专有名词，表现出一副很有深度的风范。可是他不知道旁边坐着一位哲学教授，眼睛看着别处，耳朵却在聆听，而且发现他把专有名词几乎全用错了。

这时，女人不断赞美男人，希望博取好感。一直说他很厉害、很有想法，还问了一句："你怎么会懂这么多啊？"被捧上天的男人便引用了一句名言："笛卡儿说'我思故我在'，人就是要思考，才有存在的价值。"

当然，他又说错了，我也继续抑制插嘴指正的冲动。在他们之间，彼此正热烈暗示，希望等到一个突破点，可以大胆表明心意，然后超越暧昧，进化成另一种关系。至于"我思故我在"究竟在讲什么，一点也不重要。我猜想就算女人懂点哲学，知道男人乱讲一通，也不会在这种时候指出错误。

那么，既然"我思故我在"不是在说思考有多重要，究竟在说什么呢？

我思故我在的哲学思考

首先，需要区分两个词语，"思考主体"与"思考客体"。

当一个人在思考的时候，这个思考者就叫作"思考主体"，而他所思考的对象，就叫作"思考客体"。举例来说，假设我现在觉得渴，想喝杯冰咖啡。这时，我是思考主体，冰咖啡是思考客体。

听起来虽然简单，但人们还是容易误解。要注意的是，"思考客体"并不一定是那杯具体的冰咖啡，也可以单纯只是大脑里面的想象；而思考主体也不是有血有肉的人，而是大脑里面那个正在思考的自我。所以，我们可以暂且先排除掉物质世界的任何东西，进入纯粹思维的世界。在内心世界，有一个思考者，而思考者正在想事情，这个思考者就是思考主体；正在被想的内容，就叫作思考客体。

有了这个区分之后，就比较好解释何谓"我思故我在"。它的意思是说："思考的存在，证明了思考主体的存在。"也就是说："思考，必须有思考主体，所以只要有思考的存在，就一定有思考主体的存在。"

当我们把这个思考主体称为"我"时，就可以说：思考的存在保证了我的存在。当然，这个"我"指的是思维世界的思考者，不代表一个具有物质身体的人。也就是说，"我思故我在"中的"我在"指的是有一个正在思考的思考主体存在。而这个思考者，不一定要有血有肉。如果有个鬼魂在思考，他也可以得出"我思故我在"。

那么，这个哲学思考的价值与目的是什么呢？

笛卡儿的震惊："为什么会出错？"

根据笛卡儿的文献，我们可以想象有一天，笛卡儿突然发现了一件很重大的事情，这件事情的起点是他想错了一件事情。在生活中，我们一定都做过错误判断。原本非常有信心，认为某件事情一定是如此，但到头来发现竟然是错的，笛卡儿自然也不例外。遇到这种情况，有些人的反应是觉得很不可思议，怎么会如此；也有些人一笑置之，觉得自己好蠢；也有人会为自己的错误以及导致的不幸感到懊悔。

就像传说中的牛顿的故事，对于一般人稀松平常的苹果掉落，牛顿却感到疑惑。在每个人都很习惯偶尔会犯错的这一天，笛卡儿的反应却截然不同，他回头去思考，当时究竟是犯了什么思考的过错，导致错误的判断呢？他发现在某些时候，我们不见得有犯任何思考的错误，也就是说，如果回到过去，重来一次，更谨慎地判断，更小心地思考，我们还会再次经历同样的错误。

这种错误之所以让人心惊，在于我们不容易发现造成错误的潜在危机，因此在未来也难以预防，于是错误将继续发生，而且带来灾难。更可怕的是，说不定我们目前正在犯某些错误，只是灾难尚未降临，因此处于错中仍不自知。

即使谨慎思考，小心判断，也有一些完全无法预期、无法衡量严重性的灾难即将来临，想到这里，就等于打开了一种很不容易发现的无知之知，让我们看见不知该如何避免的潜藏危险，这能让人不感到心惊吗？

笛卡儿认为，有些错误之所以难以避免，主要因素之一是人们具有许多误以为正确的知识。当我们套用这些错误知识思考，即使推理无误，也会得出错误结论。为了跳脱这个困境，必须把它们全部挑出来。

他用的方法是"全面性的怀疑"，只要是可以被怀疑的知识，全部先丢掉，之后再慢慢重建。因此笛卡儿主张，在我们的一生中，为了追求真理，至少要有一次，把我们所相信的事情全部好好地怀疑一遍。这种做法，可以避免有些不良知识混在里面而不自知。

笛卡儿的怀疑

于是，笛卡儿开始尝试怀疑各种事物，想象它们原来都是错的，包括所见所闻的感官知识，甚至数学与逻辑知识。他发现几乎所有东西都可以被怀疑，原来令我们感到自豪的知识这么脆弱。

最后，他问了一个问题："有没有什么东西是不可以被怀疑的？"这里，他发现"有"，"思考主体的存在"不能被怀疑。

"怀疑"其实就是"思考"。而思考保证了思考主体的存在，所以"怀疑"也保证了思考主体的存在。只要有怀疑就有思考主体，所以不能怀疑思考主体的存在。得出了这点，就可以说："并不是所有东西都可以被怀疑，至少作为一个思考主体的'我'是不能被怀疑的。"这就是"我思故我在"的主张。

这个结论，在哲学理论的发展上有着重要的意义，但对我们的日常生活看似没有直接帮助。直到这个理论经过几百年发酵之后，它才衍生出可以直接应用在日常生活的重要智慧。

"我思故我在"开启智慧之门

笛卡儿铺天盖地而来的怀疑并非是想摧毁知识，相反地，他想要找到值得信赖并且可重建知识体系的"基础知识"。但是，"我在"这个知识就算值得信赖，却无法导出整个知识体系。于是乎后世许多大哲学家接续努力，挑战笛卡儿未完成的工作。几百年后的现代，我们大致有了结论："没有基础知识这种东西！"也就是说："我们的知识，实际上并不存在稳定的基础。"这个成果，确实是一个可以活用在日常生活的智慧。然而，这个智慧倒不算是笛卡儿本人开创的，但的确是借由他的怀疑而开启的。

对笛卡儿来说，"怀疑"是为了寻找不可动摇的知识，以便寻求真理。这是有目的的怀疑。他最终发现，"我在"是不可被怀疑的。所以，他希望依据这个绝对不会错的知识，作为一切知识的基础，借此发展出其他不可动摇的知识。这个尝试，后世称之为"基础论"，也就是主张我们的知识，是由最基础的而且不会错的知识为根基，然后一层一层建立起知识的大厦。

实际上，人们天生就是这种基础论的思维。举例来说，如果你跟小孩说"不可乱丢垃圾"，他会问你为什么不可以，然后你需要说个理由来说服他，说完，他还会问你为什么是这样，他会一直问到满意为止。也就是说，人们天生会去寻找知识的基础，希望一个知识可以由另一个更基础的知识承接，直到抵达一个不再需要其他知识承接的基础知识为止。

可是，当你遇到很烦人的小孩，一直对你的回答不满意而不断追问时，你就会发现，你根本无法真正说服他。后来的哲学家们也发现，光是"我在"还不够，必须再增加基础知识。所以之后的几百年，哲学界不断在寻找更好的基础知识。但现在，我们倾向认为这种基础论是错的。

从笛卡儿开始深入探讨知识本身，延续几百年的思考之后，才发展成这个被称为"融贯论"的智慧。意思是说，我们的知识，其实无法找到个别的支撑点，它们并不是独立成立的，而是以整群整群的方式一起出现、互相支持，导致我们很难放弃任意一个个别知识。

从这个角度来看，我们找到了不同宗教背景、不同文化，或是不同政治立场的人之间，根本无法真正对话的背后因素。我们事实上无法拿出任何一个对方不同意的想法去说服他，也无法单独否定对方任何一个想法，因为总有一大群知识在捍卫对方的每一个想法，若要沟通，就必须将整套思维拿出来沟通。在这种情况下，我们得先深入对方的思维世界，了解整套想法，才可能真正了解对方。最后，我们甚至会发现，两套系统之间，可能根本不存在互相沟通的可能性。这有点像是现代哲学家库恩（Thomas Kuhn）所主张的"不可共量性"。当科学革命发生时，前后两种理论是无法互相比较的。连科学理论都可以到达这种无法沟通的程度，更不用说人类的整套生活思维了。

所以，当人与人之间在对话时，真正完成交流的想法并不多。我们说出的想法，里面包含了许多没有说出来的隐藏内容，以及误以为大家都有共识的预设。当对方听了你的想法，也自动放进许多不在语言中的隐藏解读，以及他自认为这想法中隐藏的共识。无论是隐藏内容或是隐藏共识，或多或少都不一样。因此，意见交流中必然会有误解，不要以为对方完全了解你说了什么。尤其针对你与大众差异较大的观念，当听者宣称已经听懂时，他听懂的往往只是他的解读加上他的预设，说不定距离你真正想表达的，还有十万八千里。

怀疑是当代必备的人生智慧

即使不谈高深的哲学，笛卡儿为了追求真知所尝试的怀疑，是日常生活中很重要的智慧源头。它提醒我们："绝大多数的想法都可以被怀疑"以及"怀疑是走向真知的道路"。

当我们跟随笛卡儿的脚步，进行"怀疑"的知识改建工程，会发现许多值得怀疑的想法，协助我们打破迷思、推翻执着。如果经常怀疑自己原本坚持的观点，我们也容易培养出怀疑精神。这是当今社会一项很重要的防御武器。

《科学美国人》（*Scientific American*）杂志曾有篇文章指出，想要阻止错误信息在网络上扩散是很困难的，因为任何理性讨论的尝试，常常会变成极端者之间的争吵，最后只剩下对立。在这种文化里，正确信息很难传递，人们也几乎无法阻止毫无根据的报道。最后，该文主张，这不是"信息时代"，而是"轻信时代"。

人们每天都有可能接收到错误信息，也许来自传达的错误、基于政治利益的恶意造谣，或是为了商业利益的假信息。尤其许多毫无根据、甚至对人有害的健康信息很容易被散播，它们可能包装得像是一则新闻，或是科学新知，让大众没有心理防线地照单全收，不知何时将衍生祸害。

培养一种敏锐的怀疑精神，是应对这种局面的最有效方法。这种思考力也叫作"批判性思考"，强调以批判的眼光过滤所有重要信息。尤其针对自己受到各种信息干扰后衍生出来的想法，先怀疑过滤，以防范错误选择。

怀疑心避免轻率推理的危害

对我而言，具怀疑精神的批判性思考，以及理性的力量，曾在我生命的某一刻发挥重要作用，甚至救了我一命，让我避开了极危险的灾难。

有一天我开车出门时，汽车仪表板上的机油警示灯突然亮起。我想起汽车使用手册上写着："只要异常信号灯亮起，必须立刻停车检查。"于是我遵照指示，把车停在路边，打电话到车厂。车厂原本要来拖吊，但因为当时很晚了，车子开起来感觉没问题，所以我询问有没有简单方法可以辨识问题是否严重。车厂师傅教我如何检查机油量，我发现机油是满的。他判断没有什么大问题，可以继续行驶，但要我尽快回厂检查。后来检查结果只是某个螺丝松脱，不影响行车安全。我问："是不是不当驾驶造成的呢？"师傅笑了笑说："不会！应该是出厂时就没拧紧。"原来是品控问题。

一个月后，在前往学校的路上，刹车警示灯亮了起来。我一样立刻停车测试，但刹车都没问题。这时我脑中出现一个声音："又来了！又一个螺丝没拧紧吧。"我暂时不管它，继续开车到学校。

但是，我的怀疑精神也同时在起作用，有另一个声音不停在耳边提醒："这是以偏概全的错误推理。这次的情况未必和上次是一样的。"所以，我开得很谨慎，直到平安抵达。也因为一路上都没有异常，我更确信这是类似事件。

下课后，我计划到市区买东西，要上高速公路，虽然我觉得车子一定没问题，到车厂检查很麻烦，根本没必要过度小心。尤其当天事情多，又烦又累。尽管心中一百个不愿意，但长期批判性思考训练所培养的那股怀疑心挥之不去。最后，我还是决定服从理性的呼唤，到附近的车厂检查一下，以防万一。

为了怕在车厂等待时无聊，我先开车回家拿本小说。在重新上路时，车一前进，我就发现刹车完全失灵，幸好才刚刚起步，一阵惊慌下，我还是安全把车停了下来。

这次车厂师傅检查后发现是刹车油管漏油。当油量低于安全线时，警示灯亮起，继续开车虽然没问题，一旦刹车油漏光，刹车就无法作用了。算算漏油时间，如果我没有决定去车厂，就不会先回家，那很有可能是在高速公路上刹车失灵，后果自然很不妙。这个怀疑心，让我避开了极度危险的处境。

从怀疑到智慧的成长

学好批判性思考，对许多人来说，将会带来人生的大幅转变。因为，在日常生活中，我们套用各式各样自认为理所当然的知识处事，对错分明，不仅个人情绪受摆布，还运用它们去评价他人、指挥他人，即使爆发冲突也自以为是地坚持到底。

一旦尝试去质疑，便有机会打破僵化的思维，从某些不当坚持中走出来，这也是智慧成长的一个重要转折点。

举例来说，如果有一天，小孩说他不想上学，父母的第一反应大概是认为孩子无理取闹，只会想着该如何纠正他。如果改变不了，说不定会引起亲子冲突，导致紧张的局面。

但笛卡儿的"怀疑"智慧告诉我们，几乎所有事情都是可以怀疑的。因为我们一定可以找到某个思考方向，发现这件事情可能是错的。如果找不到，并不表示自己的坚持一定正确，而是思考能力不足。

如果拥有这个智慧，便有可能重新思考："小孩真的一定要上学吗？"当思维进入这个阶段，就会比较愿意听听不同的想法，说不定会得到意想不到的解答。即使没有好解答，我们也很难找到一个"非如此不可"的理由。所以，就算孩子无法说服自己，也无法推理出"自己的想法一定是对的"。每当遇到类似严重的观念冲突时，只要没有立即出现的危害，都可以考虑先妥协，或找到其他方案，再观察是否有改变（自己或他人）的可能。

有一个年纪大我许多的好朋友，他和孩子的关系很糟。主因是儿子大学毕业后，找不到好工作，只能到处打零工，他觉得这样很没出息。更糟的是，儿子不懂得积极进取，有空就玩网络游戏。我这位朋友在儿子身上看不见希望，就整天骂他。后来年轻人受不了便搬了出去，偶尔回家时也只有争吵，亲子关系陷入谷底。

在这种情况下，如果能想到笛卡儿的"凡事皆可怀疑"，自然会领悟，其实人生在世未必都要积极进取、未必人人都要以大事业为目标。虽然年长的人不同意年轻人的生活方式，但自己的观念也不能保证就是百分之百对的。我们可以跟孩子沟通，聊一聊不同的人生观，但未来还是要由他自己选择，因为父母无法替子女的人生负责。

如果不认为自己一定是对的，就不会一意孤行，也能尊重他人的不同选择。即使观念上无法认同，还是可以找到适合的相处模式。我常想，如果我这位朋友愿意放下观念上的坚持，好好跟儿子相处，甚至闲暇时父子一起玩网络游戏，就算儿子未来真的没什么前途，但只要自食其力，即使不富裕或有点艰苦，仍能维系和乐的家庭气氛，这样的人生一定不好吗？

而且，如果真的希望儿子积极进取，恶劣的亲子关系只会是阻力，若能先放下坚持，缔造出好的关系，对方还比较容易改变。

我曾找机会跟朋友表达我的想法，还透露其实我也爱玩网络游戏。他听了沉思一阵子，接受了我的想法。被损坏的关系虽然不是短时间就能修补的，但我很期待看见他们言归于好，甚至提议找一天我和他们父子俩一起"为部落而战"（玩游戏）。他听后也莞尔。

没想到，这个提议永远只是个美丽的梦。在他们和好之前，朋友就意外过世了。由于放不下的观念阻碍，来不及改善关系，在生者与死者之间，留下了难以抚平的遗憾。

价值标准的怀疑

世人在群体生活中仰赖许多价值标准，作为处事原则，久而久之，它便被视为理所当然。事实上，它们也有坏处，尤其在世代之间，价值标准常常不同，如果双方都坚持，便容易发生冲突。遇到这种情况，若能试着怀疑它们的必然性，就有机会找到更圆融的处事方式。

举例来说，我过去一直觉得"守时"是一件非常重要的事情，就算迟到一两分钟都很糟糕。如果跟朋友有约，我几乎不会迟到；但若朋友迟到了，我通常会生气，或至少摆个臭脸。久而久之，对于那种很不容易守时的活动，像是约人一起晨跑，就没有朋友愿意参加了。当然，以前的我不觉得有什么不对，认为这是别人不守时造成的结果。

后来我开始懂得享受悠闲生活，发现守时是个大麻烦。由于我住在市郊，很难预测前往市区的交通状况，如果要避免迟到，就必须额外提早一个小时。如果不这么做，万一遇到交通堵塞，我会很紧张、赶时间，甚至开快车。但事实上并不是所有事情都有时效性，尤其现在有手机很方便，如果会稍微晚到，打个电话通知一下就好，在这种情况下，何必这么坚持这个价值观呢？

有些坚持本身很好，但任何原则都有其不适当之处，需要保持能够调整的弹性。只是我们必须先去怀疑，了解它并不是一个无论如何都不可违背的事情，才能开启改变的思路。将某些坚持视为理所当然，不容许任何改变，我们也就没有机会培养出圆融的处事智慧。

你所以为的自己真是如此吗?

许多人对于自己处事的动机很有自信,其实这点也值得怀疑。我们很容易看见他人做某些事、说某些话的背后动机,却很难了解自己的。对自我的认识或许是一种最容易被扭曲的知识。如果可以时常怀疑自己的动机,认识自我的思路便开启了,我们能看见更深层的自己,以及深入了解人性。

举例来说,台湾地区基于财政压力调降退休公务人员退休金,这个政策引来许多人的抗议。由于我是局外人,所以自认可以客观思考,思考过后,认为这是符合公众利益的政策,所以无论反对者有何华丽的理由,我都认为反对者实际上只是为了个人私利。

因此,我一直认为:"我支持这个政策的动机,完全是基于公义的客观思考。"然而,真是如此吗?在更进一步反思之后,我发现其实我不是局外人,而是受益者。因为当他人原本应得的财富转变成公共财物后,所有非受害人全都成了受益人。那么,在我的潜意识里,是否由于处于得利一方而扭曲了自己的思考呢?另外,还可能有另一种心理现象在背后默默起作用。当我们不具有别人所拥有的东西,而且心生嫉妒时,也可能会因他人失去该事物而感到幸灾乐祸吧。这些心态,是否在思考时默默起作用而我们不自知呢？

反思到这里，我就知道必须重新思考原本的推理，判断是否受到这些心理因素干扰。由于这种干扰很难透过内省发现，在自己有能力深度观察内心之前，最好的检验方式就是跟不同立场，而且能够客观思考，也具备个人反思能力的人讨论。否则，自己永远看不见那躲在深层内心暗自作用的私心。

另外，在比较他人与自己的行为时，我们也常下意识地忽视两者间的不同基础。例如，不迟到的老板对迟到的员工说："我都没迟到呢，你怎么可以迟到。"而恋爱后就不再跟异性往来的人，当情人跟异性往来时也可能会有类似说辞。

这种说法乍听有点道理，但以怀疑心去看，就会发现它看似公平，实际上并不公平。因为那位老板可能年纪大了容易早起、缺乏社交，或是根本生活很单调贫乏，所以重心全都放在公司。而那位不跟异性来往的，可能本来就没什么异性朋友。也就是说，自己所做的，可能是对自己比较容易的，或至少愿意的，但要求别人参照办理的，可能对他人来说是比较困难的，或至少是不太情愿的。但当某些说辞对自己有利时，人们会自然忽略它背后的原因与动机。

诸如此类值得怀疑的观念充斥在生活中，给自己与他人带来困扰，如果能够依据笛卡儿的怀疑方法，一个一个拿出来重新检视，我们会惊讶地发现很多事情都有待商榷，能做到这一步自然会减少困扰，增进人生幸福。

怀疑精神的坏处

怀疑一切，虽然有很多好处，但是否有坏处呢？

在我的经验中，似乎有些坏处。举例来说，我学哲学之前，有着很笃定的人生观，会告诉别人什么是对的以及什么是错的，满口人生就该如何如何的道理，讲话也很励志。朋友遇到大小问题时，很爱找我聊天，聊完总会充满正能量。但学了哲学之后，朋友告诉我，跟我讲话变得不太能打起精神来了。好像什么都没关系、什么都可以。因为可以怀疑一切，一切都不那么确定，我也就无法笃定地告诉别人该怎么做了。

然而，这究竟是好处，还是坏处？"笃定"的人生观，虽然能让我们勇往直前、克服逆境，但同时也有坏处，它容易被用来压迫自己与他人，产生过度的得失心。

事实上，当时我哲学读得不够好，才会有那种好像什么都没关系的感觉。然而，尽管无法笃定告诉别人什么一定是对的，还是可以说出一些较有道理的建议，可以比较哪些选项是相对较好的。这样的建议似乎缺乏力道，但也同时不具有杀伤力。

有了怀疑精神，做事就比较有弹性，这是一个好处。但有了弹性，是不是就没有原则了呢？事实上，怀疑精神和处事原则并不冲突。和怀疑相冲突的，是无论如何都不愿改变的"僵化的处事原则"。只要深入怀疑就会发现，没有什么无论如何都非坚守不可的东西，不思考而盲目坚持原则并不恰当。不再僵化坚守原则也不表示就没有原则，而是不同的原则有不同的坚持程度。

以教师这个职业来说，坚守成绩客观公平的原则是很重要的。举例来说，我曾经遇过一个学生，他延期毕业到了最后一年，这一年他修了我的一堂必修课，如果过不了，就不能毕业。由于他课余都在努力打拼事业，课业表现仅维持在及格边缘。考完期末考，他没什么把握，于是跑来跟我说，他拿到学位后就可以升厂长了，这对他的前途非常重要，希望我可以帮忙。

我内心很希望他可以及格、未来事业发展顺遂，但也认为坚守成绩客观性非常重要，这可能是我在美国留学所学到的一项价值观。所以我还是回答他："我不会把你是否要升厂长这件事列入考虑，只会针对你的成绩给你应有的分数。"说完，学生明显很生气，但也没说什么。我可以理解他的情绪，因为这的确不太符合一般大众的价值观。但若依循大众价值观，成绩将失去意义，学位也没有质量保证。不过幸好，我改了考卷后，发现他其实考得还算不错，他只是过度担心了。

怀疑精神与坚持原则

我对于成绩客观性的坚持，也让我遇到伤脑筋的情况。有个学生很优秀，常来问问题，讨论中我很确信他已经学得很好，可是期末考时，他却因突来的感情纠纷而缺席。没有期末考成绩，还能通过吗？但是他明明都会了，给他不及格的成绩有什么意义呢？这个问题让我苦恼好久。最后我想出一个方法，由于他不是毕业班，问题不算太大，还是给他不及格的成绩，但告诉他重修时可以不用来上课，所有小考、作业、期中考成绩都保留，只要来考期末考即可。学生很理解地接受了这个做法。当时我心想，如果他刚好缺这门课就可以毕业，该怎么做才好？

遇到特殊状况，就必须寻找替代方案，不应盲目坚守一个当下不适用的原则。新方案应尽可能保持原则本身的优点，且避免因特例而导致的危害。越是值得坚守的原则，允许发生特例的机会越小，这也是一种不随意妥协而坚守原则的方式。所以，处事原则和怀疑精神可以在智慧的协调中共存，同时保留两者的优点，并且减少两者的缺点。

许多人认为，怀疑精神的坏处是对他人缺乏信任感，对人际关系有害。但这是对怀疑精神的误用。从亚里士多德主张能够迈向幸福的"美好内在"来说，这种不信任他人的怀疑并不属于美好内在。怀疑精神针对的是讯息，而不是人格。

"信赖他人"才是美好内在。当然，信任他人的人格不一定要全盘接受其言论，因为任何人都会犯错。当发现他人某些言论可疑时，我们也应当要怀疑，但是如果对人信任，不会马上认为对方造谣，而是会想对方可能有着错误信念。除非我们有很好的理由证明他人故意散播谣言，才会开始怀疑他人人格。这种对人先信任才怀疑的美好内在，属于亚里士多德认同的可以导向幸福的要素；而对于任何讯息先怀疑再相信的批判性思考能力，可以减少误信不良讯息的机会，自然也是导向幸福的重要因素。两者并不冲突。

如何培养怀疑精神

培养怀疑精神，就是在接受任何信息之前，养成一种稍微过滤的习惯。越重要的事情，就要花越多时间过滤。"过滤"就是挑出讯息中的可疑成分。建立有效过滤器的方法，可以多认识思考谬误的特征，并且提升辨识能力与敏锐度。我之前为了写儿童思考练习的小故事，列出几个口诀，后来发现这些口诀不仅适合儿童，也适合成年人，可以由此打造出脑中的讯息过滤器。

1. 原因不一定是这样。

2. 以前都这样，不代表现在也会这样。

3. 少数这样，不代表多数这样。

4. 表面看到的，不一定是真相。

5. 合理的不一定就是正确的。

当我们习惯套用这些口诀去过滤讯息，就能建立一个思考的快速过滤器。当讯息具备某种特征，大脑自然而然会产生怀疑的警讯。经常练习，逐步伸展怀疑的触角并扩大范围，养成习惯后，就能培养出更强的怀疑精神了。

问与答

　　白取春彦：我完全赞同最后的段落写到的"合理的不一定就是正确的"。但或许是受全球经济发展成果主义的影响，当今社会中大多数人都认为事物只要存在合理和效率的特征就是正确的。当经济学价值已经不知不觉地影响到了人们的伦理观时，现代社会不是就处于伦理危机中了吗?

　　冀剑制：在日常生活中，人们习惯不严谨推理，直接把合理的当作是正确的。实际上，这并不完全是个缺点，因为也确实没必要凡事都讲求精确逻辑。举例来说，到餐厅点餐，究竟要点什么才不会后悔?这种事情随意想想就好，只要有合理的想法，就直接当作是正确的，不用太计较，反正错了也没什么大不了的。如果凡事都想找出最佳解答，人生也太辛苦了。

然而，当我们养成轻率推理的习惯，我们就可能在某个轻忽的时刻，用一样的态度面对重大决策，误将合理当成正确，而招致一些原本只要稍加思考就能避免的不良后果。

　　我平时在谈这个"把合理当正确"的思维谬误时，通常只注意到日常的逻辑推理，不会将之套用在价值观的形成因素上。但看到白取老师提出的问题，也跟着开启了新的思路。人们确实习惯把合理的价值论述，当成正确的衡量标准。而且，这对人与社会的影响可能更加深远。例如，人们习惯用经济成长的数据为标准，来衡量一个政府的好坏。这个价值观很合理，但正确吗？

　　"拼经济"已经成为许多政治人物的口头禅。因为大多数人都希望生活更富裕，而拼经济的口号就是在实现这个梦想。所以，这个口号以及其相对应的实际行动，都会让一个政治人物更受欢迎。当然，"让人民过好的生活"是政治人物的责任，而更富裕的生活，自然是好事，所以，能让经济更好的政府，容易被视为好的政府。

　　这个推理看似合理，但仔细思考会发现，它完全忽视经济成长所带来的负面影响，像是环境污染以及全球变暖等问题。在价值思考上，人们容易迷失在一些期待的特征上，只要附加合理论述，就自然忽略其反面。这种集体的迷思，会形成一股强大的民意力量，掩盖理性的呐喊，让整个国家甚至整个世界，像脱缰野马，在坠落悬崖之前，尽情奔驰。这个现象，不就是现代社会正上演的危机吗？冰河塌了、海洋脏了、地球病了，但这匹野马，仍然继续勇往直前。而哲学，或许是让这种"失控的进步"停下来的最终力量。

5 跟着休谟检视"自我"

——抛弃自我，获得自由

想象在远古时代，一个群山围绕的小村庄，村里一切自给自足，跟外界没有任何往来。村里的人一直相信，这个村庄就是整个世界，群山就是世界的边界。世界上的人、动物、花草树木，尽在眼前，也由此建构出一幅完整的世界图像。

有一天，一个少年想到世界边界探险，费尽千辛万苦，跨越一座高过一座的小山，最后终于到达大山山顶。放眼望去，无边无界。原来村庄只是世界的一个小角落，外面有着奇花异草、没见过的动物，说不定还有各式各样的人，以及想象之外的事物。这个时刻，原本的世界图像崩解，少年内心感到极大的震撼。

这种震撼，就像阅读十八世纪英国哲学家休谟（David Hume）的哲学会生起的感受。那么，究竟是什么样的哲学思维，可以让我们有这样的神奇体验呢？

在阅读休谟哲学之后，大哲学家康德（Immanuel Kant）说："休谟敲醒了我独断的美梦。"所谓"独断"指的是针对某些观念与想法过度武断。由于哲学非常重视反思，照理说哲学家是一群最不会过度武断的人，大哲学家就更不用说了。如果某些想法可以敲醒康德的独断，应该是令人感到惊讶的。

但读到康德这句话时，多数人并不会太惊讶。因为只要能看到自己在某个观念上较独断，应该就能松动想法，不再独断；会有独断的观念，都是自己不知道的。所以，人们只会觉得自己过去独断过，不会觉得现在独断。因此我们会自动将康德所言合理化，认为康德年轻时曾经很愚蠢地独断过，但经过休谟哲学的点醒，才变得比较不独断了。这是成长的一个过程，而我们自己已经超越这个成长过程，所以康德的感觉和自己无关。

如果读者真是这样想，不用感到不好意思，我在大学时期读到这段哲学史时，一开始也这样认为。

但事实是如何呢？如果以康德从独断的梦中醒来为比喻，"大多数人还在梦中"。处于梦中的人是不会知道自己在做梦的，只有醒来时，才知道原来是一场梦。而醒来后，是不是还在另一场梦里呢？这谁也不知道。究竟要醒来多少次，才能确定自己真正清醒？这是一个大问题。但休谟的哲学，至少唤醒了康德的一场梦，一场独断的梦。在我更深入地了解休谟之后，也终于获得这样的醒悟，从独断的梦中被惊醒。

这种独断，无法借由笛卡儿所强调的"每件事情都应该怀疑过一遍"来解除。即使我们依照笛卡儿的建议，"每件事情"都怀疑过一遍，还是有很多东西会遗漏掉，因为有些东西根深蒂固到很难察觉它们的存在。既然无法察觉，就不可能去怀疑了。然而，休谟的怀疑有些不太一样，它是一种知识上非常具有深度的怀疑。更重要的是，他不是为怀疑而怀疑，而是确实指出了值得怀疑之处。

休谟的怀疑从何而来

笛卡儿可以说是承继柏拉图的传统，强调最重要的知识都是天生的，像是逻辑、数学等知识。而且光是经由思考，就可以找出最根本的知识，像是"我思故我在"。相较之下，休谟承继的是亚里士多德重视感官经验作为知识起源的传统，主张所有知识都源自感官经验。也正是这样的一个预设，开启了休谟的深度怀疑。

既然一切知识来自经验，休谟就必须尝试回答各种知识如何从经验而来。但在探索的过程中，他却发现，有些很根本的知识无法从中找到起源。于是，他开始思考，既然这些知识不是来自经验，又非天生，那么它们究竟是怎么来的？根基为何？难道只是无意间误放进来的吗？如果真是如此，那麻烦大了，因为它们属于许多知识的根基，万一根基崩解了，我们的知识之海将掀起一股惊涛骇浪。的确，休谟掀起了惊涛骇浪，无论他是否有意这么做。

针对各种怀疑，休谟对"自我"与"因果"的怀疑尤其带来深远的影响。

休谟对"自我"的怀疑

不同于笛卡儿肯定自我存在的观点，休谟认为"自我"的存在是可疑的。他所怀疑的自我和笛卡儿心目中的那个"思维主体"并没有什么大差别，都是指心中的那个"我"。以笛卡儿的"我思故我在"来说，"我"的存在是不可被怀疑的。因为思考必须包含思考主体，而怀疑是一种思考，思考主体也就是所谓的"自我"，所以"怀疑'自我'的存在"这句话本身是矛盾的。

笛卡儿的推理听起来颇有道理，但对休谟而言，笛卡儿心目中的"不可被怀疑的自我"一样是可以被怀疑的。因为，笛卡儿所谈论的"自我"，其意义实际上超出了论证中可以支持的"思考主体"。虽然，有思考时，的确必然有思考主体，但不思考的时候呢？这个思考主体仍继续存在吗？下次思考时，出现的思考主体会是同一个吗？

　　笛卡儿心目中作为思考主体的"自我"，显然具有这种持续性与承接性。也就是说，笛卡儿在谈思考主体时，即使没在思考，思考主体也继续存在着。而下一回思考时的思考主体，和之前的思考主体是相同的。这个思考主体也才符合我们一般所说的"自我"。

　　到此，计划要怀疑一切的笛卡儿没能再怀疑下去。由于这种自我观，也是大多数人习惯的想法，世人也就没意识到这个推理有任何问题。

　　简单地说，笛卡儿的"我思故我在"论证，只能主张在思考的当下有思考主体存在，但不思考时，无法确认思考主体，而且下一回思考时，也不能说同一个思考主体又开始思考了。否则，我们必须想象（假设）一种类似"灵魂"的内在核心，作为思考主体的存在基础，才能得出笛卡儿心目中的自我观。

　　休谟发现，我们对此内在核心（的假设）并没有任何直接经验。

也就是说，我们没有任何感觉经验可以确认这个"自我"。这个自我比较像是一个观念性的存在，如同完美的圆形只属于观念性的存在，而实际上并不存在；或像是一种知识上的假设，如同牛顿假设地心有个引力，吸引着一切物质，用以解释观察到的现象，但实际上未必有这种吸引力。

在日常生活中，我们借由这个想象的"自我"，建立各种关于"我"的了解，以及区分自我与他人的差异。从休谟的眼光来看，如果我们把这个像是灵魂核心的自我观念先在知识上去除掉（这很难做到，但只要多尝试，实际上可以办到），剩下的就会是一连串感官知觉与内在印象混合而成的集合体，这里面未必有一个可以不断延续、像是灵魂的核心存在。

由于我们习惯将这个像是内在核心（想象出来）的东西当作自我，才建立起对自己的认识。但当我们试着把这个核心去除掉，人剩下的是一连串的经验流，就像一把火，不断冒起热气发出光芒，我们会觉得那是"一样东西"，但这只是错觉。火是许多发光气体连续散射出来的现象，没有一个可称呼它为"一样东西"的存在核心。如果把人的心灵世界也看成是一股不断涌现的经验流，没有内在核心，那就没有所谓的自我。

否定"自我"的当代哲学与科学

这种观点看起来虽然很特异，像是古怪哲学家幻想的神奇世界，但实际上我们不仅如休谟所说，无法从内省中找到"自我"的知觉经验，从大脑神经的运作来看，我们也找不到专司"自我"的脑区。

当代科学与哲学目前较具说服力的理论认为，自我源自大脑的讯息统合功能。由于各种来自外界的感官经验以及内在想法，全部被统合在时空背景之下，并且由一个身体所承接。在这样的条件下，就容易产出"我"的概念。但这些条件没有一个可以称得上是"自我"，生活中最常被当作自我的身体自然也不是。因为重点在于内在思想，当一个人没有思维运作时，就不会有所谓的自我。

一旦这些条件的任何一项出了问题，"我"的观念就会遭到某种程度的破坏，如此一来，"我"就不太像是一个"我"了。各式各样的脑伤病患，已经呈现出这类现象。就像失智症病人记忆迅速流失、内在想法越来越少时，"自我"就变得不太一样。当某些脑伤病患不再把身体当作自己的身体，"自我"也跟着改变。当多项条件不再时，自我的观念就容易分化，甚至消失。

所以，我们可以说"自我"是一种认知的产物，是一种自然形成的假设性存在，甚至可以说是一种错觉，它本身并不具有确定性，我们也无法指出任何一项存在事物然后说："那就是我！"

当我们的思维能够从对自我的迷思暂时脱离，从生命成长的角度来说，这也就是佛教所说的"放下自我""破除我执"。

套用休谟哲学修佛法

破除我执，是佛学上从苦中解脱的重要关卡，却是一项非常艰巨的修行任务，常让人不知从何处着手。然而，休谟的哲学可以说是破除"我执"的最佳辅助路线，让我们更容易了解，原来我们所执着的自我，很可能只是一种错觉。

所谓"我执"，指的是依据"我"的观念所形成的各种习惯性思考。这样的思考根深蒂固地附着在思想与情感之中，让人无法发现原来这只是一种思考习惯。

人生中的大多数烦恼，也源自我执，像是"别人怎么看我""我是什么身份"，以及"我的存在是否遭受危害"。例如在社交场合中，如果有人说了什么不尊重的话，或是受到众人忽视、做出糗事，都会让我们感到很不愉快，好像有个很核心的关于自我的东西受到伤害。但是，如果这样东西只是假象，并不真实存在，我们何苦这么迁就它呢？何苦为了它而汲汲于追求名利，甚至在追求中折损幸福。

"自我"的观念，就像一个潜藏在思维深处，带来痛苦与烦恼的鬼怪。只要能将休谟对自我的怀疑，放进我们的思路中，就会发现很多造成烦恼的思路止息了。"自我"的观念暂不起作用，许多烦恼的源头便跟着消失。没有面子问题、不担心个人成就、不恐惧他人对我的观感，甚至不害怕死亡的来临。到了这个地步，自然而然能从烦恼的源头解脱出来。

自从学了休谟哲学之后，我便经常想象自我不存在的状态，将心灵视为一连串的经验之流。在逐渐脱离自我观念束缚的过程中，越来越容易处于一种像是"无我"的状态。这种状态可以用来躲避突发的情绪。

举例来说，我很讨厌学生上课时玩手机，所以定下课堂上不可玩手机的规则。但总是有人不予理会，即使我在课堂上提醒了几次，当下有的学生虽然会把手机收起来，但没过多久又继续玩。这让我感到非常不受尊重，"我明明这么认真教书，为什么学生这么不尊重老师呢？"类似的思维容易让人越想越生气，久久无法平息，甚至严重到难以专注授课的地步。

无论是什么样的缘由，只要是自己在意的事情，就容易引发激烈的情绪。但任何时刻，当情绪的波涛涌起，难以负荷时，我发现若能暂时放下自我，心中无物，虽然愤怒的情绪不会马上消失，但也只是生理上的不适，它会自然减缓、逐渐消退。等生理反应消退后，只要不要持续执着，心理上也跟着释然。而且无论多大的波涛，都会像是一颗石子丢入湖中，虽然会引动情绪的涟漪，但都能逐渐恢复平静。正如禅诗所言：

　　手把青秧插满田，低头便见水中天。
　　六根清净方为道，退步原来是向前。

　　一颗心放在外面，便遭受风吹雨打。将它收回来，放下自我，少了承接点，就暂时没有尊重不尊重的问题，心境自然就如同映照在水田里的天空般自得。

　　针对这个苦恼，后来我仔细想了想，其实学生上课玩手机有时是在用 Google 搜索上课内容，也不见得全是坏事。毕竟我们已经进入一个很难禁止大学生上课玩手机的时代，干脆就把是否要认真上课的事情，交给大学生自主决定。于是我不再立这条规则，心念转了，放下坚持，问题也跟着消失了。

放下自我，拥抱自由

破除我执的作用不仅可减少心理上的困扰，甚至还有减缓生理痛苦的功效。

生理上的痛苦，有时是很复杂的，除了痛感本身，还包含了许多由自我观念所引发的烦恼，混杂在一起后，导致更复杂的感受。例如，如果脚扭伤了，受伤的痛属于单纯生理的痛，即使没有自我的想象，一样会痛，没有差别。但是，我们受伤之后，往往会有许多负面想法，为什么我会受伤？为什么是我？我为何这么倒霉？甚至怀恨害我受伤的人，以及想象如果自己没有受伤该有多好。这些念头，都包含了自我的观念，把这些思绪加入单纯的生理痛苦中，人的心情变得复杂，强化负面感受，甚至觉得更痛、更难忍受了。

在大学时期，偶然听到一位易学大师演讲，我立刻被他的风采所吸引。于是我和两位学长一起前往求教。他为我们三人开了一个小型易学班，每周一天，早上讨论《易经》，中午一起吃饭，下午教我们静心打坐。

记得有一回打坐时，虽然我心静如止水，但盘着的脚踝痛了起来，越来越痛，我的脸部表情纠成一团。那时易学大师说了一句令我至今仍然印象深刻的话："它痛它的，你坐你的。"这句话虽然很怪，但我当时没有多想，只跟随话语的指引，竟然逐渐将"我"和"痛"分离开来。痛觉其实没有什么不同，一样感觉得到，可以说一样算是"我的痛"。但当"我"的观念和痛觉分离，它竟不再具有干扰作用，我甚至可以平静地观看它，像是观看一个外物。

可惜在那次经验之后，我就没有更多体验了。因为当时我的人生路途转向纯粹知性的学术发展，到研究所就读、修博士学位、再借由发表研究论文从助理教授一路升上教授。直到这几年来，我才又想找回静坐的习惯，参悟那语言之外的智慧。

休谟对"因果"的怀疑

休谟令人震撼的怀疑，除了"自我"之外，还有对"因果"的怀疑，也就是对事物之间"因果关系"的怀疑。

在批判性思考的谬误辨识训练中，有一种谬误被称为"轻率因果联结的谬误"，意指人们很轻率地把两件事情用因果关系联结在一起。

例如，如果朋友、亲子或夫妻关系变差，就很容易诉诸某个事件，比如做错了某件事，导致关系不好，或是简化成个性不合。但是，人与人的关系往往不是一个突发事件或是个性造成的，而是长期某些格格不入的心理效应，让某一方甚至双方都必须忍让，经年累月逐渐磨损情感。在最初时若没有发生任何改变，等到某一方决定放弃而不再忍让时，通常为时已晚。一段不良关系，若没有发现其真正的成因，而轻率地诉诸错误成因来解读，将难以预防未来类似状况再度发生。所以，总是有人一直不断与人决裂，还觉得自己都遇到坏人。

轻率诉诸因果链接而产生错误知识，在日常生活中很常见，需要抱持怀疑精神，减少自己因为这种错误知识而导致错误的思考与抉择。然而，这样的怀疑，属于笛卡儿层级的怀疑，笛卡儿认为我们应该对所有事情怀疑一遍，当然包括这种轻率因果所造成的轻率知识，在未来诉诸因果时，也要格外当心。

然而，休谟对因果的怀疑并不是如此，笛卡儿说不定连想都没想过，更不用说我们大多数人了。休谟怀疑："因果是否真的存在？"

这个问题甚至不好理解究竟是什么意思。依据我在大学的授课经验，虽然每次都很强调，休谟对因果的怀疑指的并不是"轻率因果联结的谬误"，而是针对因果本身。即使不断强调，还是有学生会误解。

就算上课时没有误解，考试时也能写清楚，但过了一段时间后，当我再谈论休谟的这项怀疑时，误解就又出现了。好像大脑里面有个机制，会自动把休谟的这个怀疑转换成轻率因果联结。

会有这种现象，很可能是因为我们太习惯因果的思考，也觉得因果关系太理所当然了。但是如果能顺着休谟的思路，对所有事物保持一种开放的心态，并引入苏格拉底强调的无知之知，便容易发现，我们完全无法估算还有多少关于世界的知识是我们不知道的。我们目前对宇宙真相的了解，可能非常少，依照现有的知识与直觉做判断是远远不足的。在此情况下依照理性思维，也会发现"因果的存在"确实值得怀疑，一旦"因果"真的不存在，我们对宇宙的认识将必须从头来过。

因果不存在？

休谟所属的经验主义学派主张，所有知识来自经验。当休谟检视关于因果的知识时，发现我们根本没有所谓"因果关系"的经验，充其量只是"某些事物经常性地具有前后关系"，而我们容易把这种关系用"因果"连接起来，认为某件事情"导致"另一件事情的发生。

对此，休谟思考着，"因果观念"从何而来？是否可以观察到"因果"呢？休谟发现："没办法！"我们并没有任何关于因果的感官知觉，简单地说，这个观念莫名其妙地出现在我们的思考中，而我们也很自然地套用它，并形成对世界以及万事万物的认识。一旦追根溯源便可发现，"因果"是一个值得怀疑的东西。

当然，休谟并没有说"因果不存在"，他认为，由于因果就像自我一样，缺乏感官感觉的观察基础，因此它的存在是很可疑的。尽管休谟提出很合理的理由来怀疑是否真的有因果关系，为何大多数人还是难以接受，甚至难以理解呢？让我们用实例来思考这个问题。

我现在坐在书桌前，假设我把手上的笔放开，笔就会掉到桌上。这时我们会说："因为我的手放开，导致笔掉在桌上。"也就是以"我的手放开"为因，以"笔掉在桌上"为果，联结一个因果关系。但休谟发现，我们的感官知觉实际上只能观察到两者（手放开以及笔掉在桌上）前后发生的关系，但是这样的前后关系，无法用来支持一个因果关系。因为"因果"显然比"前后"包含了更多的内容，表示这两者之间有一种特殊的联系，然而这种联系，却是无法观察的，我们只不过用理所当然的态度解读它们。如果要诉诸大众耳熟能详的科学精神"有几分证据说几分话"来看这件事，我们必须说，其实没有证据支持这里面有因果联系。

有人会说，"手放开"并不是真正的因，真正的因是引力，手放开只是让地心引力把笔吸到桌上而已。或许，也有更前卫的知识分子会诉诸爱因斯坦的相对论，主张真正作用的不是牛顿观念下的地心引力，而是弯曲的空间，地球让空间变成弯曲，而笔不过是在弯曲的空间中以直线前进，所以落在桌子上。这些怀疑都很好，但属于笛卡儿式的怀疑，是怀疑真正的因果究竟在哪里。然而，休谟从根本上怀疑里面有因果作用。这时我们会反问，总该有个原因吧！否则为什么笔会掉在桌上呢？

这样的疑问，正显示出在我们的思考中，"因果观"有多么根深蒂固。如果不依据因果观来思考，甚至会变得不知该如何思考。然而，这个世界的真相未必就如我们直觉能够把握，以及习惯性思维能够了解的了。如果宇宙的真理超出我们理性能掌握的范围，这一点也不奇怪。如果没有因果作用，是不是就无法理解笔掉在桌上这件事了呢？

其实未必，如果能放下习惯性的世界观，让想象力冒险冲出囹圄，就会发现如果所有一切都没有原因，好像也没什么好奇怪的。科学上许多人认为，宇宙起源的大爆炸是没有原因的，既然理性上可以接受"没有原因也可以导致整个宇宙诞生"，为什么笔掉在桌上非要有原因不可？

如果因果只是一种习惯性思维，它根本不存在，世上还有什么难以接受的呢？如果再运用苏格拉底智慧中的无知之知来思考，就会发现可能有无限多种超出想象的关系，可以用来联结"放手"和"笔落下"两者之间的联系。"因果观"只是无限多种可能关系中的一个，而我们如此坚持它，并没有什么好理由，只是习惯于用这样的观点去解读世界而已，它未必就是宇宙的真理。

休谟这项怀疑，等于崩解一种世人习以为常（甚至没有意识到自己习以为常）的世界观。这个怀疑甚至超出了以"破"（借由破除执着达到烦恼的解脱）为主要思考路线的一般佛学理论。

一般而言，佛学相信因果，认为因果业力是必然的，而且是无法跳脱的。但是，佛学中有一支被称为中观学派，其所谈的"空性"（一切皆空）似乎企图否定所有一切，至于是否要一并否定因果则引起了很大的争议。因为，如果没有了因果业报，佛学还能是佛学吗？这种争议或许是促使佛学理论开枝散叶，追求更高智慧的契机，而禅宗里也发展出"不昧因果"的故事。

用休谟哲学参野狐禅

在一千三百多年前的某一天，百丈禅师说完法之后，有个老人还没离开，走过来对百丈禅师说，他其实是个野狐精，但很久很久以前是在此山中的修行人。当时有人问他："大修行人还会不会落入因果循环之中？"他回答："不会！"结果显然答得不对，误了别人，于是变成了野狐精。但他一直百思不得其解，因为大修行人显然不该继续落入因果之中，否则修行的意义是什么？为什么说"不会"是错的？究竟错在哪里？

所谓"因果"，指的是因果报应。有因就有果，做了任何事情都是种下一个因，而这些因都会导致某种果。这样的因果循环，也让人们不断在六道里轮回。会提出这个问题，是因为所谓"大修行人"，指的是能够脱离六道轮回的人，既然能脱离六道轮回，就表示已经不在因果的影响力范围了（或至少已经不受六道的因果影响），因此大修行人"不落因果"。为何这样的观点是错的呢？百丈禅师给他的解答是："不昧因果。"野狐精听了恍然大悟，感谢离去。

这个故事在禅宗里有个名称，就叫作"野狐禅"。它究竟在讲什么？历史上许多禅师提供各种不同的解答。如果从休谟的角度来参这个公案，大概会是这样的解读："不要执着因果。"这是一种态度，而不是一种解答。或者，如果可以不执着于"态度"与"解答"间的差异，这也可以算是一种解答。这样的态度就像是休谟的怀疑，而不是否定。而且，这样的"解答"，只能在直觉跨出言语理解的世界后才能意会，由于在语言理解的世界之外，所以无法言传。

非语言的世界

当我们套用苏格拉底无知之知的智慧，看见在我们现有知识之外，仍存在某种尚未知晓也难以用语言描述的世界时，内心就会被注入某些非语言、非文字、无法理解而只能体会的模糊状解答。它们超过我们目前可以用语言文字表达的领域，也或许，真理就是这样的面貌。虽然这个解答感觉不太算是一种解答，但如果不执着于文字的解答，而让这样的思维转化成生活的智慧，就会让哲学思维走入理性之外的世界。如果我们前往那个世界探险，究竟可以发现些什么呢？我想，应该已经有许多人在那里，并且分享了他们的发现。只不过，既然那个世界超出语言能清楚表达的范围，便很难分享给别人。到头来，若有兴趣，还是得亲自走一遭吧。

白取春彦： 从我自身经验来说，我曾有过十个月独自看护我父亲的经历。那段时间，我体验到了什么是失去自我，也可以说，体验到了什么是无我。从那以后，我终于理解了禅学里的问答意思。也明白了，禅学里所讲的道理虽然每次表现形式不一，但其实内容都是大同小异。冀老师在最后一段所写的"只能体会的模糊状解答"指的是我们日常所邂逅的艺术、小说、诗歌、绘画、古典音乐（特别是没有歌词的）等这些吗？维特根斯坦在《逻辑哲学论》书中的最后一行写到"不可说的"，指的也是一样的东西吗？

冀剑制： 依据实践哲学的认知过程理论，我们可以透过某些特别的实践而获取新的经验。对这些新经验的掌握，便形成新的知识。当这些新知识无法用现有的语言来表达时，实践者就获得了某种无法借由语言表达，而且难以和（缺乏此经验的）人沟通的知识。

相同的，白取老师在放下自我、全心看护亲人的实践中，体悟了无我的境界。这个体悟所形成的知识，可以在禅学中获得印证，我们也发现其实历史上很多人经由不同的实践，而获得类似的体验。有了体验作为理解的基础，便可以发现不同的人，用不同的方式，描述类似的东西。但对无此经验的人来说，这是难以理解的事物，无论他如何尝试解读，都只是误解。

也就是说，这类知识只能和有类似体验的人沟通，若无特定经验为基础，沟通的可能性便不存在。越少人具备的经验，能沟通的人自然越少。白取老师提到的艺术、小说等体验，我觉得都可以归类到这个领域，只不过这些日常生活的美学体验，能沟通的人较多，较不让人感到神秘。但禅学里所描述的事物，体悟的人少，就容易让人觉得是另一种完全不同领域的课题了。

维特根斯坦在《逻辑哲学论》的最后一句话："对于不可说的，我们便闭口。"我相信他也是在谈一样的东西，只不过可能是否定这类知识价值的态度。由于维特根斯坦写这本著作的目的是想把世界和语言合并在逻辑的结构中，那么，超出语言范围的东西，可不仅仅要闭口，而是根本就"不值得一提"，因为在世界中，我们无法找到它们存在的地位。如果维特根斯坦这句话背后的隐藏意义真是如此，那我个人就不太认同了。

6 跟着康德检视"认知"
——翻转认知，也翻转人生

从人生的角度来看，"怀疑"可以预防危险的决定、摆脱因执着而生的烦恼，但是怀疑也容易让人无所适从，在面临重要抉择时，徒增茫然。

破除独断，还是带来迷惘？

在课堂上，我常跟哲学系学生说，学习哲学固然很好，但不要让自己变成一个只懂哲学的人，要伸出触角多涉猎其他知识或技能，这样不仅有利生存，也能发挥哲学的优势，实现有成就感的事业。

每当我提出这个建议，就像在课堂上施展魔法，唤来迷惘的冷空气，久久无法散去。或许，多数人就是因为不清楚自己未来的方向，心中充满了疑惑，才选择到哲学系学习，我的建议却打乱了他们的思绪。就算有学生思考要伸出触角学习一项专长，往往也不知该如何选择。

后来，我发现不仅仅是哲学系学生，甚至许多就业导向科系的学生也有类似问题，他们可能已失去原本的兴趣，或发现在该领域比不上别人，不知未来该怎么走下去，怎么想都想不出解决之道，于是跑来哲学系上课，希望可以获得解答。没想到接连遭受"怀疑"的轰炸，从笛卡儿（理性主义）"怀疑"到只剩下自我，再到休谟（经验主义）走向了彻底的"怀疑"，把看似可靠的根基全都摧毁了，最后反而招来更多的困惑。

哲学起源于好奇心，目的是追求万事万物的真相，就像笛卡儿哲学的思考方法：怀疑只是手段，真理才是目的。怀疑的主要价值是破除独断，但许多人在思考方面的最大困扰并非独断，而是相反的，缺乏自信心，不知如何在困局中思考，因此每当遇见难关，都难以找到让自己感到安心的想法。

康德（Immanuel Kant, 一七二四至一八〇四）是十八世纪的德国哲学家，他阅读了休谟的著作，敲醒了独断的美梦。宣称自己从独断美梦中醒来的康德，并没有落入怀疑的深渊，而是努力寻找方法避免独断、走出怀疑，以重建哲学体系。这就像在迷惘的人生中，在一片缺乏确定性的基础上，尝试去找出最佳解答。

这个目标，光是听起来就感觉很不可思议，无怪乎他的成就在哲学史上占有一席之地。于是，一种不再坚持绝对真理，但又能找出相对较高可信度的哲学出现了。

统合理性主义和经验主义的妙招

西方哲学从苏格拉底开始，非常重视理性思考，认为理性是解答一切的根基。然而，当休谟运用理性走向深度怀疑，等于对此传统提出质疑。接下来该如何看待理性？针对这个问题，康德找到一条更合理的思路，写下《纯粹理性批判》。

首先，康德认同休谟的怀疑，但不接受"一切知识来自经验"的观点。相反的，他同意柏拉图和笛卡儿的想法，认为某些（例如因果）知识是天生的，如此才能解释为什么我们难以根除这类知识，以及为什么在不同文化环境中成长的人都有这些观念。

事实上，当代发展心理学的研究也相当程度地支持这个主张，因为研究者发现，尚未学习语言与各种知识的小婴儿就具有某些天生的知识。例如，如果一颗弹珠滚到看不见的地方，婴儿会很好奇地一直盯着看它"消失"的地方，甚至想去寻找它，这显示婴儿具有"物体不会凭空消失"的知识。除此之外，三维空间观等也都像是天生的知识。

然而，天生知识是否一定正确？关于这一点，康德反对柏拉图和笛卡儿，他主张先天知识不一定正确，因为我们实在没有什么好理由可以证明天生的一定就是正确的。以因果知识来说，康德认为它虽是天生的，却未必是世界的真相。而当代科学也支持这种看法，例如，从爱因斯坦的相对论来说，我们天生的三维空间观就是错的，这世界实际上是四维世界，某些物理学理论甚至认为还有更多维的存在。

那么，这种天生但又不一定正确的东西是什么呢？康德认为，我们天生有一套用来认识世界的模子，像因果知识其实就是这个模子的一部分，整个模子还包含了时间与三维空间等。

依据这个观点，我们实际上不是在认识真实世界，而是把真实世界的各种讯息，套用在我们用来认识世界的模子上，然后以此来理解世界。简单地说，我们所认识的世界，是透过天生认知模子塑造的世界，而不是世界真实的原貌。也就是说，人类只能认识天生认知模子反映下的世界，永远无法认识真实世界。

知识上的哥白尼式反转

在科学发展史上，哥白尼主张，虽然我们看到的是"太阳绕着地球转"，但实际上是"地球自己转"，这样的革命观点被称为"哥白尼式反转"。康德则认为，虽然我们以为正在认识眼前这个世界，但实际上，我们的认知功能主动将外来讯息编造成我们能认识的模样来解读世界。以因果关系的模子来说，我们以为世界依据一个因果联系网络在运作，实际上只是用因果的认知模子看这个世界。换句话说，我们所认识的世界，是由认知模子依据外来讯息为素材而加工制造出来的东西。康德这个哲学思想就被称为"知识上的哥白尼式反转"。

康德的哲学体系虽有否定，但也有建构。他否定我们能够认识真实世界，但可以建构以认知模子为基础的知识。所以，虽然康德哲学主张我们不可能认识真实世界，但这个哲学实际上不能算是一种怀疑主义，而是在反思理性的界限后，试着把握我们可以把握的东西。

我们也可以把这个认知模子想象成一种有色眼镜，透过这副有色眼镜看世界，把世界塑造成我们能理解的样子后认识它。当然，无论是用模子或是有色眼镜的比喻都过度简化，因为我们实际上无法知道真实世界的模样，而且也只能知道部分认知模子（或许还有许多是我们自己意识不到的），所以很难谈论怎样的比喻才更为恰当。

总之，若将这个康德哲学应用在生活上，可以发现三项值得反思的人生智慧。第一，了解界限的智慧；第二，善用有色眼镜的智慧；第三，寻找最佳解答的智慧。

一、了解界限的智慧

康德反思理性时发现，认知模子其实就是理性思考能到达的界限，因为我们的思考不可能超出这些模子。例如，我们很难想象一种没有时间的存在物、不在空间中的物体，或是没有因果关系的世界。但其实我们并没有什么好理由主张时间、空间以及因果关系一定就是世界的真实结构。如果世界实际上不是这样，我们将永远无法了解它。

举例来说，在康德之前，许多哲学家企图用理性论述神的存在。但是，在对理性反思之后，康德主张，由于神的定义是无限与永恒，也就是超越时间与空间，但时间与空间是我们用来理解万事万物的认知模子，而超越认知模子的思考是不可能的。据此，康德得出一个结论，由于我们根本无法了解神，而要去思考一个根本无法了解的事物是否存在，是不可能的事情。除非我们改变神的定义，否则神是否存在的问题超出了理性能谈论的界限。

再进一步思考，也可以发现，我们不仅无法论断神是否存在，就算神真的存在，针对超越我们想象的神的想法是什么，也超出我们的理解范围。从这个角度来说，某些人自称是神的代言人，并用人类认知界限发展出来的语言文字描述神的思想，也是件荒谬的事情。

当然，神有可能具有某些人类可理解的想法，但即使如此，由于任何一个词、一句话，都包含了许多不同的预设与隐藏脉络，如果没有真正把握这些隐藏脉络，就不可能真正把握一个想法。因此，在传达神的旨意时，即使对神来说，那些语言文字是正确的表达，但这些话落入不具有神的思维脉络的人们大脑里，将很可能转变成完全不同的面貌。就算有些"神的思想"勉强可以传达，也将具有容易错解的危险性，而且万一理解错了，将很难发现。

当然，如果不把神定义到理性界限之外的存在，便可以避开这个问题。但这样的神，大概就很难再被称为神了。

教育的界限

康德这个"先想想界限"的思考方法，很值得运用在生活中。先思考基本限制，再去判断究竟能够期待些什么，挥去不可能的幻影，防止走向徒劳的人生方向，反而能抓住最值得追求的目标。

如庄子所言："吾生也有涯，而知也无涯。以有涯随无涯，殆已。"对想要知道一切，或是只看到自己知道些什么而误以为无所不知的人来说，这句话便有当头棒喝的效果。因为人生有限，知识却无限，以有限追逐无限，则是徒劳的。了解这个限制，转变求知的方向，重质不重量，尽力将知识转化成人生的智慧。有了这个认知，也等于获得一种无知之知，了解自己的渺小，收回傲慢之心，更专注在值得追求的事物上。

从教育的界限来说，老师或父母大多有个目标，想要把学生或小孩教育成某种样子，但是，除非我们主张人的一切都是由外在环境所决定，否定人拥有自由意志，否则，想要刻意塑造一个人是不可能的。

也就是说，一个人未来发展的最终关键，在于个人意志。老师或父母只要有此认知，就不会把学生或孩子看成是一块黏土，试着雕塑揉捏成一个作品，而是考虑其个人想法，想往哪里走、期待些什么，并在他的发展方向中给予引导、协助。这才是教育的真谛。

任何教育方法都没有绝对的改变能力，发展的结果还是由当事人自己决定。所以如果有人觉得自己的人生是失败的，不用怪罪他人，因为，最后的决定权其实是在自己手上。通过这种智慧，把教育的界限弄清楚，掌握教育的功能是什么，才能让教育达成其应有的目的。

在我的教学经验里，我曾经遇见过一位家长，他对自己的孩子非常不满，常常数落他，希望能够改变他。但孩子完全不理会，彼此的关系非常糟糕。于是这位家长来学校求助，希望老师可以（依据他的期待）改变年轻人。

这个想法包含着对教育的过度期待，忽视个人自主性。好像老师说了什么，学生就会照做。但实际上，不存在这种教育功效，或者顶多只会发生在幼儿园或是小学低年级，年纪越大，学生自主性越高。除非像是在军中、监狱里，可以通过严厉的规则或惩罚达到某种程度的行为管控，但一离开高压的环境，这种教育就失效了。

当看见教育的限制，我们就不再以"改造他人"为教育的目标，而是先尊重、了解个人想法，一起探讨其适当与不当之处，让学生发现更好的方向，并且愿意选择它。

所以我当时跟那位家长建议："先接受小孩的各种想法，不要一味批评，并且尝试看见他的优点，先改善亲子关系。有好的亲子关系，才可能有改变力量。"

了解他人的界限

事实上，我们不仅不可能完全改变他人，甚至也不可能完全了解一个人。

当尝试解析一个人为何有某个特殊想法时，我们会发现背后的理性与非理性因素纠结成很复杂的结构。若要完全了解一个人，就必须解开他大部分的想法，但这几乎是办不到的事情。

对他人的了解，永远只能旁敲侧击，以自己的想法为模子来解读他人。所以，当他人的各种信念跟自己差异越大时，误解的情况就越严重。有了这个认知，当我们想批评他人时，就必须记起，这个批评或多或少包含了某种程度的误解。

二、善用有色眼镜的智慧

人生的最大限制是无法避免死亡。对于死亡人人抱持恐惧，即使知道无法逃避，多数人下意识仍企图逃离，仿佛只要能一直延后，就可以不用面对。因此，当有人突然得知自己罹患某种无法痊愈的病症而被迫面对时，其反应大多是感觉如同晴天霹雳。但是，我们不是早就知道，这一天迟早会来临的吗？

运用苏格拉底的无知之知的智慧，可以推知这世界上存在着让我们不再恐惧死亡的知识。从休谟对自我的怀疑来看，一旦人们放下自我，便可以远离恐惧。而依据康德"天生有色眼镜（认知模子）"的启发，我们可以发现，"死亡未必是件坏事"。

由于天生对死亡的恐惧感，让我们以"可怕的"有色眼镜来看待死亡，加上容易把可怕的事当作坏事，自然就会认为"死亡是一件可怕的坏事。"

但这个主张并没有什么依据，因为活着的人没经历过死亡，而过世的人也无法告诉我们死亡的真相。所以，在理性思考中可以发现，"死亡是一件坏事"的观念来自天生的有色眼镜。至于这观念是不是事实，我们完全无法知道。

换句话说，如果我们没有发现这是一种有色眼镜的作用，就容易把"死亡是一件坏事"视为理所当然，然后本能地抗拒它、排斥它，甚至非理性地意图逃避它。但是，透过康德有色眼镜的人生智慧，我们可以理解到，死亡之所以是一件坏事，并不是它本身就是坏事，而是我们套用坏事的模子去看它，是我们自己把死亡扭曲成可怕的事情，但这并不见得就是真相。

人生成败与苦乐的有色眼镜

我们也倾向于追求财富、成就与幸福快乐，并且建立起衡量人生成功与否的有色眼镜。在不知不觉中，我们将其视为理所当然。

如果追求不到，便觉得人生是失败的。然而，用康德哲学来思考，便会发现这一样是有色眼镜的世界观。在我们所不知道的真实世界里，这些价值观都不一定是对的。没有财富又如何？没有成就、生活不够幸福，都不能代表人生真的失败，而人生的终极解答是什么却像了解真实世界一样，超过了我们的认知极限。

透过有色眼镜的智慧，可以看清各种价值观的不稳定基础，就容易挣脱束缚。虽然我们无法找到"正确的"人生，但可以改变方向去寻找最适合自己的人生。

有人认为人生是黑白的，也有人认为人生是彩色的，那人生究竟是黑白还是彩色？根据康德哲学的省思，人生的真相是理性的限制。由于我们无法跳脱此生，从更广大的视角比较，也就根本不可能解答这个疑惑。但这很明显是一种有色眼镜。当我们戴上黑白的眼镜，人生便是黑白的；反之，如果希望自己的人生是彩色的，最重要的就是要戴上彩色的眼镜。人生究竟如何，取决于我们如何去看它。

许多人习惯性地戴上黑白眼镜，从悲观的角度看世界，久而久之，他便培养出像是亚里士多德所说的习惯养成的内在品质，但这种内在品质不是导向幸福，而是容易导向不幸。因此，学习换一种角度看世界，改变习惯，就有可能逆转这种情况所造成的不幸福人生。

情绪，往往也很容易成为判断事物好坏的有色眼镜。让人不愉快的事情，容易被判定为坏事。就像看见有钱人、有才华的人、有能力的人，可以做到一些自己无法做到但又很期望的事情时，嫉妒感便油然而生。嫉妒是个令人不舒服的情绪，于是下意识倾向把这些引发嫉妒情绪的人当坏人，一旦我们看到这些人遭殃时，会感到愉快。因此，比起开破车酒驾撞伤人，那些开豪车酒驾的肇事者更容易遭受大众谴责。严厉谴责的当下，以为自己很有正义感，其实是很有嫉妒感。

当情人决定要分手，不想分手的一方情绪大受打击，难以负荷，便容易把这件事当作是一件大坏事，而制造这件大坏事的对方，自然容易被视为恶魔。既然是恶魔，就应该被消灭，不是吗？

这种由情绪引发的有色眼镜，让人产生错误的判断。但如果我们可以借由康德哲学的启发，了解这些都是有色眼镜带来的认知效应，就不会这么容易被情绪牵着走，因为，事实并不一定如此。

取下有色眼镜，该如何走人生道路？

当我们取下这些天生的有色眼镜，人生还有什么可以肯定的东西吗？如果没有，该如何生活？没有确定的方向时，通常会将寻找方向（人生意义）作为目标；如果仍然遍寻不着，便会感觉失落、虚无，就像蒲公英一般，漫无目的地飘浮在苍茫的人生天地之间。

但是，这仍是个有色眼镜的人生观。如果可以时刻活在当下，体验存在之美，又何须目标？人类需要目标的天性，何尝不是一种有色眼镜呢？我们一定要遵从它吗？还是不妨将这种天性当作拼凑人生的一个元素，灵活运用，以拼出自己最理想的人生形态？

如果可以暂时取下全部的有色眼镜，人心会不会感受到一种最大的自由？就像在康德哲学中，即使无法理解世界的真相，但在不确定中，还是可以运用可用的信息，建立相对的确定性。在人生中，我们也可以在没有确定基础的前提下，找出较合理的解答。这属于康德哲学带来的第三种人生智慧。

三、寻找最佳解答的智慧

在我们无法掌握确定性的前提下，依然运用理性找出相对合理的解答与处事方式，这大概是没有确定性的人生中，最重要的一项思考能力。

许多人活得缺乏自信，如果再阅读笛卡儿与休谟的怀疑主张，更容易导致信心崩溃，甚至不愿意继续思考，只想听从他人意见，以便找到具体方向。但是，要交托他人做决定的时刻务必知道，"他人的处境跟自己并无差异"，尤其当他人很有自信时，其思考情况可能反而更糟，因为他连自己的思考困境都看不见。

事实上，要挽回自信心并不困难，之所以缺乏自信，主因在于一直以来抱持一个错误信念：思考的目的就是要找出正确答案。由于人生中的大多数抉择实际上都没有标准答案，这是一项我们必须先知道的思考限制。在许多人生问题上，我们无法通过理性找到正确解答，反而应该把努力的方向放在最合理解答的思考上。当我们了解各种可能导致错误的推理，思考就能更谨慎，也更容易找出（可能仍有瑕疵的）最佳解答。

然而，寻找最佳解答的思考能力并不容易获得，这几乎可以说就是哲学的思考力，需要下一些功夫培养，才能逐渐收到功效。当思考能力变得越强，就越能找到更好的解答，并在生活中找到自己的安身立命之道。由于多数人并不知道这种"在不确定中寻找最佳解答"思考能力的存在，而误以为已经具备足够的思考力。这种无知之知的缺乏，大概算是一种很普遍却很严重的问题。

先了解界限，掌握各种认知模子，并在能力范围内找出最合理、最适当的解答。这是康德哲学所启发的人生智慧。当我们将它应用在生活中，了解人生的界限，知道世上没有完美的人生，也就不用期待与追求它，而是尝试去接纳。至于，究竟要接纳什么样的人生？什么是可以舍弃的，又有什么是必须坚持的？这没有标准答案，任何一种人生的好坏评价，取决于你用什么有色眼镜去看它。

也就是说，我们的人生不是由他人或是命运所支配，也没有一个确定正确的方向，而是由我们自己来定义、评价与品味。这可以算是康德哲学带来的一种"人生观的哥白尼式反转"。让人生的好坏与成败的评价，由被动转为主动，将人生主宰者的令牌从命运的手中取回，交还给我们的自由意志。

问与答

白取春彦： 如冀老师所写的，我们活着都是戴着有色的眼镜。这个有色的眼镜包含了根据成见、既有的价值观、习惯，以及感情做出的得失计算等。冀老师还写道："如果可以暂时取下全部的有色眼镜，人心会不会感受到一种最大的自由？"但是这里所提到的自由，不是几乎等同于禅学从纪元前开始就一直传述下来的"无分别"了吗？

冀剑制： 看到白取老师所提的这个问题，真的有种条条大路通罗马的感觉。两者确实非常类似，但也各有优势以及不同的应用。从康德《纯粹理性批判》里（我所解读的）有色眼镜的角度思考，我们发现一切认知、习性甚至感觉，都不一定是真相，而真相是不可知的。所以一切扰乱我们生活的东西都可以暂时先放下。

但这样的态度并不是去否定它们，因为我们也不能说它们一定就是错的，而是用一种新的态度去面对，这种新的态度就是"不执着"。当我们真的能够做到不执着时，就能自由选择，游走在"分别"与"无分别"之间。

当然，整个过程最艰难的部分，就是破除这些东西，这也就很接近禅学长久以来强调的"无分别"的智慧。

然而，禅学并不是从相同的思考途径走向这个终点，而是另一套修行的理论。从理解的角度来说，西方哲学属于单纯理性思考的途径，对现代人来说比较容易上手，但可能属于迂回的路线。若从强调信仰的宗教角度来看，禅学会是个更直截了当的快捷方式。

不过，这两者之间还有一个很大的差异。禅学里的"无分别"，主张自我并不真实存在，即所谓的"诸法无我"（在一切现象中，并没有所谓的我）。但从这篇谈到"有色眼镜"的角度来看，虽然各种观念并非必然的真相，但基本上仍旧肯定自我的存在。

仔细想想，如果我们可以试着再更深入，把对自我的各种观念、直觉，也都当成一种"有色眼镜"，那么这条思路也将会走向"无我"。而世界是否存在呢？康德主张物自身（物质真实的原貌）是存在的，只是我们无法认识它。沿着康德开出的这条路，当我们可以从"无法认识"进一步到"放下认知本身"，我们就更接近"诸法无我"的"无分别"观念了。

创造自己的生存方式

/ 白取春彦

第三章

Schopenhauer

7 跟着叔本华检视"孤独"
——要么孤独，要么庸俗

第一位不是以抽象的哲学为主题，而是以人生为主题展开思考的哲学家，就是叔本华。

但是，他不是在充分累积了人生经验之后，才开始针对人生作思考论述。叔本华在二十二岁时就从大学的医学系转到哲学系，并决定"要花上一生的时间去思考人生"。

叔本华在三十一岁时出版的《作为意志和表象的世界》（一八一九），以及之后陆续撰写的数篇论文中，都针对人生提出了许多新观点。尽管已是近二百年前的著述，在现代人看来它还是有不少令人耳目一新的想法。之所以会觉得耳目一新，最主要是因为我们的思考方式已在不知不觉中扭曲、僵化了。

一切都在变化中 vs 线性幻想

叔本华曾说："不断变动正是世界的常态。"

这句话并不是指发生了什么世界性的战争或天灾，而是指我们的日常生活中经常发生各种变动。这正是生命的正常状态。

"变动，就是这个世界的基本形态。"

叔本华"一切都在变化中"的世界观，会带给我们不协调与不安感，还是能让人松一口气呢？如果会觉得不安，那是因为我们想追求一个安全、稳定的和平世界。然而，期望与现实往往是完全不一样的。

当然，相较于处在相互杀戮的战争状态，和平的生活应该是最好的。但并不因为如此期望，这个世界就会变成一个安全的，且可以让我们过着安心、平稳生活的地方。只是还是有不少人这么认为，其中大多数人是被政客欺骗了吧。

因为，这些政客一直向大众疾呼，自己可以创造出一个和平、安全、让人安心生活的社会。但综观世界历史，还真是很少出现过这么一个理想的乌托邦国度。

大多数人都还未发现，政客其实是为了提升自己的地位以取得更多的利益，才编造出这些谎言。同时大多数人也未发现，政客所提倡的社会，只不过是个幻想。

为什么会没有发现呢？因为我们也都深陷在各种幻想当中，包括随着时代的演进，生活与环境也跟着进步的"线性幻想"*。我们会想，现在的自己虽然还不够活跃，但将来一定有让自己大显身手的机会；不过这却是一种错觉。

人生真的是一个持续不断上升的过程吗？其实不是。有时候会发生意料之外的事，也会遇到不幸或变故。并不是只要照本宣科地去做，就一定可以得到期待的结果。不管是哪个年龄层，都会遇到一些困难与障碍。在这层意义上可以说，人生正是一场孤独的战斗。

"意志"驱动世界的变化

不过，为什么叔本华认为，世界的一切都在变化中呢？"因为是'意志'在驱动这些变化。"这个"意志"也就是《作为意志和表象的世界》标题中的"意志"。

叔本华所谓的"意志"，与我们平时所认为的意志完全不同。它指的是存在于自然中所有的力量。因此，不仅暴风雨、雷电可以称为

"意志"，生物的生命力、冲动、本能、欲望等，也都是一种"意志"。

"意志"试图一直存续下去，因此会不断地变动，没有停止的一天。"意志"为了向外扩展，也会不停地变动。"意志"就像是一个充满了能量却不可见的怪物。我们的心中也存在着这种"意志"。从内心涌出的冲动、欲望，以及无论如何都想要活下去的念头，都是来自"意志"的力量。

有时候，我们会被心中一股强烈想要做某件事的念头所驱使，若能实际付诸行动，就会因此感到满足与快乐，这正是我们依循"意志"的冲动去行动的结果。而在竞争中落败时，我们会感到屈辱与痛苦，这是因为我们败给了对手心中的"意志"。

亦即，每个人心中都有各自不同的"意志"，我的"意志"会与对方的"意志"相互竞争。有许多"意志"在蠢动，各种"意志"也会产生交集，有时使对手屈服并吸收对方的"意志"，且借由繁衍来增加执行"意志"的工具。"意志"让世界不断地变动，造成世界的转变。

但我们并不觉得自己被这种怪物似的意志所驱使。一般认为，人们会计算当下的得失，并且有充分的理由，去做出相对应的行为。但叔本华认为，人们其实是受到"意志"的冲动所驱使，只是为了要正当化自己的行为，才找出理由和动机。

举例来说，有时可以看到很多人为了某政治理念采取行动，但并不是因为充分理解并且接受该理念的方向，而是因为政策方针看似可以满足大多数人的欲望和利益。也就是说，若事物能够顺应"意志"去发展，人们就会对此有所反应。

如何脱离"意志"的掌控？

若不顺应"意志"去行动，会让人感到痛苦；但若顺应"意志"去行动，也还是会让人感到痛苦。因为一旦顺应了"意志"，接下来"意志"就会接二连三地驱使人们去行动。只要活着，人就无法逃离"意志"的冲动。

这么一来，是不是只有自杀才能逃离"意志"呢？对此，叔本华提出了以下说明。

"自杀看似是一种完全否定'意志'冲动的积极行为。然而，自杀其实也不过是依循'意志'去杀了自己而已。亦即，让人类中较为虚弱的个体以自杀的形式及早死亡，也是受到让人类整体更加繁盛扩张的'意志'所驱动。"

那么，是否有方法可以逃离让人感到痛苦的"意志"，且是每个人做得到的？叔本华认为，那个方法就是"改变认知"。只要改变认知，就能不再以过去依循"意志"的方式去看事物、看世界。

举例来说，若依循"意志"的视线，人们会将年轻而健康的异性看作性的对象；接着会被无论如何都想要得到对方的冲动所驱使。若无法如愿，内心就陷入痛苦的挣扎。将世界上的事物看作欲望的对象，并依此来做价值判断，这种视线就是"意志"的视线。

我们所身处的社会，也是依循"意志"的视线运作，例如制造和宣传商品时，运用的便是能引发人们心中"意志"欲望的手段。

而能够引发意志欲望的，正是年轻、美丽、可爱、强大、性感、丰满、均衡等要素。经济活动反映出人们所追求的这些要素。

不再以"意志"的视线看待事物，也会完全改变我们对自己的认知。不以"意志"的视线出发，具体来说，也就是我们不再做价值判断和计算，而是以纯粹（不混杂任何欲望、企图）的眼光去看待周遭事物。

若我们处于被"意志"支配的状态，在肚子饿的时候看到食物，我们就会反射性地产生很美味、好想吃的念头。这就是"意志"所驱使的冲动。若我们能在看到食物时，只将其当作某种物质的话，就表示我们可以从"意志"中解放出来。

这么一来，我们不仅不会受到冲动的驱使，不管面对什么，内心都不会动摇，而是心平气和。能够做到这一点的人，有时被称为悟道之人、圣人，或者也被称为天才。他们虽然看着眼前的事物，关注的却是永恒的未来。这样的人就好像已经居住在天国了。

孤独是最佳解药

叔本华做了上述说明，但他真正思考的问题是：驱使人们去行动、带给人们苦痛的本能与冲动，究竟是从何而来？叔本华设定了"意志"这个力量，并从中找到原因。

我们可以说，叔本华的理论犹如一个虚构的故事。但能够说出如此慧黠的虚构故事，叔本华无疑是个天才。不能因为我们认为叔本华说的是一个虚构故事，就把《作为意志和表象的世界》视为一部充满空想理论的著作。

叔本华这本著作和其他短篇论文，都是他思考人生问题的智慧结晶。其中有部分透露了宗教的某些秘密，也有很多针对如何度过有意义的人生的建议，不算是为人处世的方法，而是真正能让人平安度过一生的想法。其中特别有益的，就是"孤独"（die Einsamkeit）。

在日文中，孤独有强烈的负面意义，指不被人所爱，也不跟人交流，总是孤零零、一个人的状态，翻译成英文就是 loneliness。不过，英文中有另一个单词 solitude，也有孤独的意思。叔本华提出的孤独，其实是 solitude。

首先，要远离世界上的喧嚣，以自身的意愿，背对这个世界。也就是说，要从泛滥于世界上的无聊价值观与斗争中解放出来。同时，也就可以从"意志"的掌控中脱身。

接下来，由于 solitude 指孤身一人，也表示不会跟其他人成群结队。因为只要跟其他人聚在一起，就不得不去配合别人的价值观，所以我们必须积极脱离与他人群集的状态。如此就可以脱离烦琐的人际往来与人情压力，得到自由。犹如 enjoy solitude 所表达的，就是可以享受悠闲自得的孤独生活。

若我们无法决定成为孤独的人，始终只是他人意见与思想的奴隶，就会一直这样过着日子。我们必须仔细思考，这种生活正是受到"意志"的操弄，才会让我们感受到这么多的痛苦与烦恼。

若想要避开这些痛苦与烦恼，就必须尽量远离过着庸俗生活的世人，尽可能独处；也就是说，要过着孤独的生活。

孤独的生活其实一点都不寂寞，反倒可以过得很愉快、自由且丰富。为什么这么说呢？因为"如果自己本身具备的知识与能力越强大，就越不需要外求，也不需要依赖他人"。而且，"当进入孤独的状态，真正的自我才会显现出来"。

不过，有不少人并不喜欢孤独。他们喜欢寻求外在的刺激，独处就会觉得无趣。如果自己的内在空空如也，就会受不了孤单一个人。从另一面来看，对独处感到自在愉快的人，孤独一人的时刻才是他们创造力最高也是最幸福的时刻。"幸福就在自己的心中，不假外求。"

冀剑制： 当人们远离人群，许多人会觉得很寂寞（loneliness），并且感到害怕，是否有什么好方法可以培养出享受孤独（solitude）的能力？

白取春彦： 基本上，首先要充实自己的内在。只要平时就对各种事物抱持好奇、疑问与关心的态度，就会发现光是了解这些问题就几乎没有剩余时间了；也就是说，根本不会有空闲感到无聊或孤单。

另一方面，所谓的孤独并非指度过的时间、周遭的氛围都很清闲，而是会自然地感受到孤独的状态其实是非常充实且奢侈的。举个典型的例子：现实中能够充分运用孤独的状态，并有效生产或创造的人，就是作家与研究者了。

这些人能够在孤独状态中发挥创造力，而进入这种状态的最低限度的要求，就是寂静，以及减少外来干扰。

　　还有一个最重要的条件：保持心情的平静（亦即，不会受到感情、罪恶感等各种杂念的干扰）。在进入只聚焦于所关注对象的状态中，才能产生洞察力，并有新的发现。

注释

* 现代人，特别是年轻人，常有线性思考的倾向。所谓线性思考，是指不管面对什么事，只要依照一定的顺序或步骤去做，就会有特定的进展或变化的想法。例如，依照理论进行思考，正是典型的线性思考。

一般来说，我们是通过学校教育学会线性思考的。并不是指学校直接教导学生去做线性思考，而是学校教育的内容是依照线性思考模式去设计的。因此，采用线性思考的学生多半可以得到高分；不仅如此，这样的学生还会被认为是好学生。学历社会正是由这些采用线性思考的人们所构筑起来的社会形态。

然而，习惯线性思考的人特别无法应对突发状况，可以说缺乏随机应变的能力，而且相当脆弱。当然，他们也不会肆意妄为。

8 跟着穆勒检视"自由"
——我选择自由地活着

"我们是生而自由的。完全的自由。"

"那是没有限制的自由吗？"

"没错，只要我喜欢有什么不可以？做自己喜欢做的事情没有什么不对。"

"那我可以去打，或是杀掉我不喜欢的人吗？"

"那样就是犯罪了吧？"

"可你不是说我可以做任何自己喜欢做的事情吗？"

"是这样没错，但还是不可以做会危害他人的事情。"

"说得也是。果然没有所谓的危害他人也没问题的自由。基本上这么做就已经违反法律了吧？那么，只要不是违反法律的行为，就算自由了吗？"

"基本上只要遵守法律规定，就不会被逮捕，也不会被限制行动，所以在法律规定范围内的行动，可以说是自由的。"

"所以是法律来规定自由的范围吗？"

"社会生活中自由的范围应该是由法律决定的，但还有社会习惯……"

"法律是由谁制定的？"

"是立法机构经过一定程序制定的。"

"也是。这么一来，决定我们的自由范围的，就是立法机构了？"

"嗯……等等，让别人来决定我们的自由，是不是很奇怪？不过，这里的自由指的是法律规定范围的自由。"

"那我们生而具有的自由是什么呢？"

"生而具有的自由……有这种东西吗？"

"如果我们没有生而具有的自由，如果也没有立法机构替大家制定法律的话，是不是就表示我们并不拥有自由呢？"

支配与自由的变迁

想必很多人在年轻的时候，曾经跟朋友有过类似上述的对话吧？

之所以不跟朋友聊聊日常生活话题，而是针对自由做各种讨论，大概是因为当时心中其实感受到某种束缚吧。那么，当我们脱离父母或监护人的保护，进入社会成为一个独立的人的时刻，是不是第一次感受到自由的时刻？

大概在经济方面我们可以感受到某种自由，但生活上就不一定了。说不定出了社会之后，我们才会感受到身为一个社会人士的不自由。

还是说，只要认为自己所生活的社会是所谓的自由主义社会，每个人的自由都受到基本保障，因此我们就是生活在一个自由的环境中？但真的是这样吗？

话说回来，自由究竟是什么呢？

哲学家约翰·斯图尔特·穆勒（John Stuart Mill，一八〇六至一八七三）出生于工业革命正兴盛的十九世纪英国，其著作《论自由》（*On Liberty*，一八五九）即简单描述了自古以来的政治形态，讨论了与自由的关系等议题。

根据这本著作所言，过去的统治者多半是以暴力执政的支配者，有时是具有强大权力的一个人，或是一个种族、一个阶级，并依靠征服、血缘、世袭等方式来支撑其统治的基础。换句话说，支配者的权威并非来自被支配者的意志，此时被支配者的自由并没有受到重视。

之后，人们开始限制支配者在社会中所行使的权力。第一个具体的行动就是，制定宪法来限制支配者的权力；而被支配者这一方所能行使自由的其中一项，就是对支配者加诸限制。同时，支配者与一般人也形成了敌对关系。

随着时代的演进，为了不让权力遭到滥用而使被支配者陷入不利的境地，人们开始认为，执政者应该是被支配者所委托的对象，也就是代表。因此，出现了通过选举选出支配者的制度，而支配者所获得的权力与地位是有固定期限的。

如上的政治体制成形，政府的权力成为公民自身权力集中化的表现，也是一个便于执政的制度。这就是被称为民主的政治权力结构的起源。

由多数人行使的专制

社会制度转变为可举行选举的民主自治社会后，被支配者们是否就堂堂正正地取得自由了？穆勒完全不这么认为。这是因为，他认为这样的社会制度成了"由多数人行使的专制"。

也就是说，行使权力的民众，与被行使权力的民众，是完全不同的两个族群。虽然说是自治，但治人者与被治者却是过着相互隔离的生活。

另外，因为是民主自治体制，所以要能够反映每个人的意志；事实上并非如此。能够在社会中执行自己意志的人，多半属于社会中表现得最活跃的一群，亦即他们属于压倒性的多数，或是能够被多数人认同的，才能在社会政治中反映出自己的意志。

不仅如此，这些多数人会借由扩大自己的意见与思想，来压迫其余少数人的意见。这就是所谓的"由多数人行使的专制"。

由多数人行使的专制，就是社会的专制。这并不仅仅表示，法律和制度是为了多数人而制定的；以多数人的意志为基准的社会，甚至会试图干涉不该由社会介入的事物，特别是少数人的思想与生活方式，并对他们施加沉默但强大的压力。

穆勒认为，社会所行使的干涉，"是比刑罚还要深入每个人生活的细节，甚至试图让人的灵魂也服从其规则，令人无所遁逃"。

这种过度干涉与固执地试图让人们同一化的现象，也不是多么稀奇的事情；这就是所谓多数人的思想、价值观和舆论、常见的感受与情绪、普遍的习惯、风俗、宗教惯例等。

不遵守这些规则的人会被另眼看待，社会让他们无法过自己想要的生活。若想要过着没有冲突与阻碍的生活，就得遵循社会普遍的规则。若做了超出社会所容许范围的特殊行为，会被认为等同于犯罪的。

多数人专制的制度，通常会把当今社会现状当作范例。越接近这个社会榜样的人，越会被认为是一个好市民。这样的价值判断强烈渗透每个人的生活，可以说是一种相当强大的暴力。

然而，多数人并非出于恶意才试图推动这种社会性迫害。反而是因为，对多数人来说，这些社会习惯、常识与规则，都是不证自明的正确观点。

当然，人们会认为这些都是不证自明的正确观点，不过是没有任何根据的错觉而已。所谓正确的观点，其实只是一些习惯与迷信，而隐藏在深处的则是偏见、感情、羡慕、嫉妒、利害关系、优越感、仅属于自己族群的传统、傲慢与轻蔑；总的来说，就是这些多数人的利己之心。

多数人认为这种利己之心是正常的理性，并以此为基础，建立社会伦理。法律也是依这些多数人为中心的舆论而制定的，法律之所以会有偏颇，是因为它基于多数人的喜好与憎恶。事实上，舆论可是比法律还要强大。

受到束缚的价值观与人生观

由多数人的宗教所衍生出来的伦理观与世界观，在舆论中占据重要的地位。将这些伦理观当作准则的多数人皆认为，什么是被容许的生活方式，而什么又是不被容许的，社会对此有着牢不可破的规则。

但这些也不是法律规定，而是以所谓的传统生活与宗教价值作为不明文规定的准则，进而渗透入每个人的生活当中。在穆勒生活的那个年代的欧洲，则多与基督教教会神学密切相关。

基督教神学认为基督教才是真理，因为圣经中记载着人生各种事物的价值与意义，以及何者为善、何者为恶；教会认为这就是神的命令。因为是神的话语，所以当然是绝对的真理。

不管是名义上还是形式上，只要是个基督徒，就得遵从神学的道德观，过着正当的生活。当然，人们都是通过教会的教诲与传统才得知这些道德观的（在那个时代，大多数人还不识字）。而这些道德观与一般社会习惯混合在一起，成为庶民实际上所遵行的道德观。

教会所推行的伦理观具体干涉了个人的私生活。例如，教会的伦理观甚至对性生活都有规定：夫妻只能在周二和周三做爱，因为这两天刚好都不是宗教的节日。

做爱时，一定要采用女性仰躺，男性覆盖在女性身上的"正常体位"。而所谓的后背体位和站立体位是野兽或恶魔的喜好，因此是受诅咒的体位，若采取这样的体位，会生出畸形或有肢体障碍的小孩，也会罹患麻风病（《体位的文化史》）。从正常体位的英文 missionary position（传教士体位），就可以了解这跟宗教有关系了。

医生们也受到教会神学所衍生的伪伦理的影响，他们会告诉患者，每一次做爱的时间越短越好，一个月做爱一次就好，而六十岁以上的人应该要禁欲。

犹太教也有这种类似以宗教权威干涉人们性生活的状况，以记载犹太教律法及其解说的《塔木德》为例，夫妻必须在宗教假日（安息日）的隔天做爱；另外也依阶级分类，劳动者每周二次，上流阶级则是每晚都可以做。

承袭卡尔文教派的清教徒教会则是告诉信徒们，"非义务的所有行为都是一种罪恶"，而信徒的义务就是遵循各种各样被视为神的命令的详细生活伦理，例如，受到神的恩宠的人就是富足的人，这种带有命定论且具有贫富差异的思想就渗透入人们的生活，也束缚了庶民生活中的价值观与人生观。

实际上，这些所谓权威的观点，成了世界上多数人价值判断的基准。而从整体来说，这些人的价值判断就是在其所属宗教的信条、教诲，以及所属阶级的世俗生活利害关系间，所取得的一个平衡。

有些人则是请求权威者下达指示，并毫无疑问地遵循着，因为他们认为"大家都是这样生活的，也没有什么问题"。

希望可以跟大众一样过着普通生活的人通常很难察觉到，权威的道德观与价值观是一种为了达到更强力的支配，而在隐秘中加诸众人的限制；这些价值观有一天也会融入自古以来即在这个领域扎根的习惯。

这么一来，人们的思考与行动就会变得更加一致，也就更容易以多数人的权力来执行支配与操纵，更能轻易主张其行为的正当性了。

将权力符合自身利益而制定的法律，以及依循这些法律的生活模式，总有一天会成为大众的习惯、生活方式与伦理常识、"社会生活规则"，并在不知不觉间强力地限制了我们的自由。

效益主义与个人主义

一般来说，穆勒是被称为"效益主义"的哲学家。

多少也对穆勒产生一些影响的哲学家边沁（Jeremy Bentham,

一七四八至一八三二）就是一个效益主义者。边沁以"最多数人的最大幸福"这一主张为人所知，而穆勒的名言是"与其当一个满足的愚者，不如当一个不满足的苏格拉底"。

然而，"效益主义"究竟是什么呢？

有时候会在对话中出现的"那个人是功利主义者"这样的评论，通常意指"这个人很狡猾"，或者是指只考虑自身利益的自我中心主义者。

"效益主义"是翻译自英文的 utilitarianism。不过，这个字以前常翻译成功利主义，在日文中也可以译为实利主义或公益主义。

而这里的"利"跟"益"，其实不一定跟金钱上的利益有关。应该说，utility 所指的范围极广，包括个人为了社会全体的利益或全体福祉而实施的行为。

仔细阅读穆勒的《论自由》，就会了解以上的说明。在这本书中，穆勒一再强调，"唯有为了社会全体的幸福所发挥的个人特性与能力，才是有用的"。因此，若我们以穆勒主张的重点来为其思想命名，会认为穆勒的哲学是更倾向于重视个人主义的哲学。

要注意的是，这里的个人并非一般可以指称任何人的个人。穆勒《论自由》中的个人，指的是成熟、自立的个人，具有自律性与主体性，也就是"拥有主权的个体"（individuality with sovereign）。

Sovereign 有主体性、统治的意思，另外也指君王、国王、主权。当我们听到主权这个词，通常会联想到政治用语。因为人们大多是通过大众媒体听到这个词，而且这个词经常被当作政治用语使用。

然而，穆勒所说的主权并非只有政治方面的意思。他使用主权一词时，主要是指我们每个人所拥有的思想、伦理、行动的主权。

"拥有主权的个体"表示这样的个人不跟随社会潮流，能充分发展自己的人格；也就是说，这样的人拥有自己的思想与生活方式，而且能彻底实行。

那么，我们个人的主权究竟是什么呢？它就是，尽量活出自由的自我。可以说，依循社会习惯与传统宗教的要求去行动的人，说不上是能活出自我的人；配合别人的行动、跟随社会潮流的人，也同样是无法活出自我的人。

而不受到任何人的干涉，不接受任何人的指示，也不被任何人束缚而行动的人，才是真正能活出自我的人。这样的人不会遭到压抑，而能随心所欲地发挥自己的特性与能力。

因此，穆勒与其说是效益主义的哲学家，不如说是提倡具有主体性的独立个人主义的哲学家。

而《论自由》中所论述的个人，是"可以发挥各自的特性，结果能够为全体社会做出贡献"的个人。若非如此，每个人都会成为平庸的人，社会也不会进步了。

穆勒还主张，"只要这些个人的思想与行为并未危害他人，国家就应该要尊重他们的特性"。这也是他对实际上拥有权力的社会所提出的强烈要求。

每个人都能过着自由且幸福的生活

我们已经明白，穆勒并不认为人总是要遵循着社会的规定而行动。人虽是社会这个群体的一员，但同时也必须是统治自己的君王。穆勒这么说：

"人的行为中一定有必须遵循社会规则，并与其他人产生关联的部分。但跟自己相关的行为中，每个人都是绝对的独立个体，也是自己的身体、精神、思想等主权的拥有者。"

当能做到上述的行为时，我们就能得到自由。

即使是在标榜自由的社会中，若没有无条件地尊重思想自由、兴趣自由、职业自由，在这个社会中就没有自由。

而人必须有去追求属于自己幸福的自由；这也是每个人可以选择兴趣与生活方式的自由。即使是某种稳定的个人生活方式，但只要是来自社会所强加要求的，就不算是自由。对穆勒来说，某些宗教道德情感强烈的地区，或是公然以严厉的宗教道德支配当地人们生活的地区，都不算是自由的社会。

穆勒很露骨地厌恶由宗教，特别是基督教所衍生的伦理道德；这是因为如前所述，在他看来，基督教伦理是剥夺人们自由的帮凶。穆勒是这么形容基督教的：

"这个道德观所禁止的行为也太多了一点。"

"禁欲主义被偶像化了。"

"若我们只遵循基督教道德观，生活应该比现在还要糟很多吧。那些基督教道德观所不认可的思想与感情才是真的对欧洲人的生活有贡献的事物。"

"基督教道德观只强调服从的义务，结果也只是在告诉大家要服从既有的权威与权力。"

"想要从基督教教义中找到完全的规范，根本就是不可能的事情。"

"《圣经》中有很多道德观是不能依照文字表面意思去解释说明的。"

"圣保罗所解说的基督教道德观甚至还承认奴隶制度。"

"迄今为止很多非常高贵且具有价值的道德教诲，都是由不知道基督教的人，或是拒绝基督教的人所提出的。"

而穆勒也认为，应该要建立基督教伦理观以外，更为高尚且更具普遍性的伦理观。

为了众人的自由与幸福，穆勒提出以下主张：

●多元化并非恶，而是一种善。与其让众人都提出相同的意见，不如集结各种各样的意见，这会比较有利。即使是反对的意见，其中一定隐藏着某些重要的正确性。

●既然多元化是善，我们就应该要容许自由且多元的生活方式。即使那个生活方式多么奇特，也不该去批判，只要不对他人造成影响，就应该让大家各自去过富有特性的生活。

●唯有让每个人各自发挥自己的特性，才能让大家都获得幸福。不满足于屈就现状的生活，而是追求自己想要的生活，才能获得幸福。这一点也与是否能发挥自己的能力有关系。

●去做选择。不可以只是漫不经心地模仿他人。遇到事情就应该要自己去思考并做出选择。唯有通过思考并做出选择，才能发挥自己的能力。

●不要害怕去做别人从没做过的事情。做别人没做过的事情，不仅可以产生新的喜悦，也能得到自由，还能为这个社会带来一股新的风气。

培育名为人类的树木

总结来说，穆勒相信，人可以改变并重获新生。

其关键就在于，给予每个人选择生活方式的自由。每个人都应选择自己想要的生活方式，社会也必须承认个人自由，不加以干涉。

若从外部干涉或阻碍个人的自由，以结果来说，会妨碍社会整体的进步与幸福发展。只要借鉴过去的经验就可以了解，超脱社会常规惯例并过着自由生活的人，能对社会整体有所贡献，社会不应把这些人当作特异人士而加以排除。

惯于服从宗教严苛伦理观的人，有时会有压抑自己情感与愿望的倾向，但穆勒认为，个人情感与愿望就如同信念与自制力，都是让人成为一个完整的人的必要元素。并且他认为，虽然情感与情绪有诱发恶的危险性，但也是有可能达到善的目的的。

亦即，穆勒是相信人类的。他如此说明自己对人类的观点：

"人类并不是机器，而是如同一棵树般的存在。遵循着富含生命力的内在力量，向四面八方伸展枝叶，追求自身的成长。"

自由就是去培育名为人类的树木。

冀剑制：对一个大学老师来说，学生已经成年，应该尊重他们（不影响他人）的生活方式。所以，是否也应该尊重学生不认真读书的选择？还是老师也有积极改变他们的自由？

白取春彦：穆勒认为，每个人都像是各自成长的树木一般，因此老师能够做的事情，顶多就是为了让树木能够好好成长，而给树木浇水灌溉。

这虽然不算是直接给予学生助力，但至少也是一种"解放"，而非去强迫学生。而浇水的方式，就是老师所能拥有的最大的自由了。

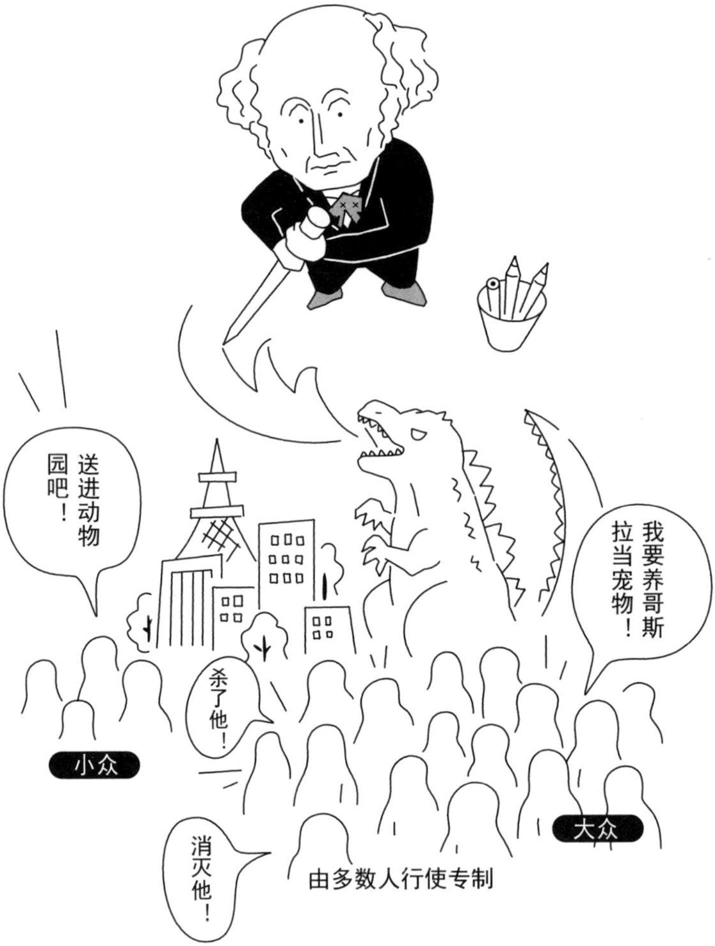
送进动物园吧！
杀了他！
消灭他！
我要养哥斯拉当宠物！
小众
大众
由多数人行使专制

9 跟着尼采检视"道德"
——我决定自己的道德

活在现今这个时代的人们，不管男女老少，多少都会有一种压迫感；或者说，有一种被什么压制住的感觉。

其实不是现在的人才会有这种感觉，以前的人也会在其所生存的年代感受到一股压迫感。

除了国界、身份地位、阶级、强制性的政策等实质性的压迫以外，还有如以宗教为基础的伦理思想、传统、风俗习惯、与地缘及血缘相关的人际关系等精神性的压迫。

现代社会虽高度崇尚自由与民主，但这并不表示这些压迫就会因此完全消失。再者，如学历、经历以及现代社会中看不到的道德伦理等压迫的来源，相较以前被分化得更细微，带来的压力也更大。因此，大多数人还是会在生活中感受到喘不过气般的痛苦。

真正的快乐 vs 虚假的快乐

人们在一般的生活、工作中感受到苦闷情绪，因此会想办法扫除这种忧郁的感受。通常人们会寻求享乐，但是享乐并不是真正的快乐，只不过是让人以为自己能暂时从现实中逃脱的虚假的快乐。

为什么说享乐是虚假的快乐呢？因为享乐是任何人只要花钱就能完成的事情。熟知这种心理需求的商人，就会调整价格与地点，并限制可以享受的时间。像迪士尼这类主题乐园就是享乐的典型。

那么，究竟什么是真正的快乐？

真正的快乐，正好是享乐的相反面。请仔细看看"享乐"这两个字，即为"享受快乐"。也就是说，这种快乐是从外部而来的感受，并非由自己主动去寻找，是比较消极的快乐。

跟享乐相反的真正的快乐，是一种积极的快乐。为什么是积极的快乐呢？因为那是唯有运用自己的能力积极去寻求，才能感受到的快乐。

以最常见的例子来看，读书就是一种真正的快乐。阅读文字，理解内容，并去想象，是具有某种程度能力的人才会有的积极行为，也是人充分运用自己所具备的能力才能做到的事。因此，做菜和运动

（不是看运动比赛，而是亲自去运动）不是享乐，而可以说是真正的快乐。

但是，不管是享乐还是真正的快乐，只要动机是出于想要扫除强烈压迫感所带来的忧郁，也都只能说是暂时的逃避现实而已。

即使能逃避现实，现实所带来的压迫也不会消失。只要经过一段时间，快乐就会消失，人们又不得不回到现实生活中，继续过着有强烈压迫感的生活了。

我们应该过最危险的人生？

大多数人会觉得自己并非真正的自由，不管在哪里生活，都会感受到各种束缚。

二十世纪的法国哲学家米歇尔·福柯（Michel Foucault，一九二六至一九八四）也是这么认为的，他调查了人们是如何生活在遭受支配与压迫的环境中。

他的结论是，让人们在生活中感到苦闷的，正是规训权力（掌管人类生活各方面的权力，又称生命权力）。

规训权力指制定各式各样的规范，让人们只能在某种规定的框架内生活及行动的权力。当然，拥有这个权力的就是当代的当权者及政府。对这些当权者来说，这正是统治现代社会的力量与方法。

简单而言，权力体制并非仅止于社会规范而已，它甚至渗透至人们的精神生活，去管理、掌控每个人的生活与思考方式。

具体的例子是，当权者会仔细审查教科书的内容，并限定只能出现对自己有利的知识和结构。甚至通过制定细微的新法律制度，以迂回的形式建制伦理与常识的基础，在整体上支配所有人民的价值观、思考及行为方式。

这些东西慢慢变成社会风气，四处蔓延，不知不觉间，就成为所谓的一般常识。这正是一种权力的渗透，是能够支配我们的生命权力产生的效果。

福柯之所以能以敏锐的视角发掘出统治历史的另一面，正是因为他是个尼采哲学的研究者。

尼采哲学研究者（Nietzschean）通常指倾心于尼采哲学的人，福柯受到弗里德里希·尼采（一八四四至一九〇〇）的强烈影响，而尼采正是第一个怀疑潜藏于社会中的价值观的人。

尼采如诗一般的著作《查拉图斯特拉如是说》，其中极具冲击力的名句"上帝已死"，已为世人所熟知。综观他的一生，人们会了解尼采想说的其实只有一句话，那就是："**每个人要创造属于自己的价值。**"

尼采为什么会这么说呢？

在我们出生以前，各种事物的价值是不是就已经被决定了呢？例如，有钱人比穷人优秀？

如果你真是这么认为的话，那么你接下来也只能过着百无聊赖的人生。也就是说，如果认为所有事物的价值都已经被事先决定了，自己的人生也不过是尽量去配合这个价值而已。

实际上，确实有不少人就是过着这种生活。他们尽力考上好学校，进入好公司，过着比一般人好的生活，也感受到更多的幸福。他们多半认为这就是应有的生活方式，也是人们所称羡的。

但是，尼采却极为唾弃这种生活方式。他极力主张，人们应该过着"最危险的人生，最能展现自己个性的人生，最能让自己活力十足的人生"。

为什么尼采要主张，人们应该活出旁人看来最危险、最自我中心的人生呢？尼采是那种不负责任地煽动他人的人吗？也因此，有不少人认为尼采的思想具有危险性。

不过，这种看法是错误的。尼采真正想说的是，他希望人们可以各自活出属于自己的人生，并常常发现新的自己。尼采究竟是怎么想的呢？

《反基督》在批判什么？

当时，尼采正在写《反基督》（一八九五）这本书，旨在批判基督教。

在大多数人都是基督徒的欧洲，这本书的标题非常有挑衅意味，让人联想到恶魔。大多数人觉得这本书在挑战自己所信奉的传统与伦理。最终尼采触怒了许多人，这导致他被贴上无神论者的标签。但众人之所以会这么想，其实都只是从标题去推测内容而已。

实际上，尼采并不是在批判基督徒，也不是要否定耶稣的言行举止。相反地，尼采其实比任何人都要同情耶稣。

尼采批判的是"神学学者与神职人员以新约圣经为借口，随意创造出伦理道德观，并主张这种伦理道德观才是真理"。也就是说，他所批判的是基督教的神学，以及由神学衍生出的伦理道德观。

通过基督教会的布道，这种伦理道德观深入人心，同时也成为基督教徒和基督教世界的常识。然而，这种伦理道德观却束缚并压抑了人与生俱来的自由与充满活力的天性。

怎么说呢？基督教的伦理道德观认为，强者必为恶，并且也把每一个健康的人都拥有的动物性与活力视为不好的东西。

举例来说，基督教的伦理道德观认为，人不应该依本能欲望去追求自由恋爱，已婚男女也不该享受性的快感。夫妻之间的性爱是为了延续子嗣，因此被视为必要之恶，但最值得推崇的还是一生守贞。

尼采说："对人的生命最为有害的，就是称这种伦理道德观为'真理'。"（《反基督》第九章）他批评："所有从基督教神学衍生出的伦理道德观皆是反人类且反自然的。"

探讨人类生命的哲学

尼采并非因为本身对基督教有什么私怨或创伤，才会以这么强烈的语言抨击，而是因为他认为，若人们遵循基督教的伦理道德观，就会造成人的弱化，这是一件很不好的事情。尼采说："阻碍我们生存所需之物的一切，都是在损害我们的生命。"

而"我们生存所需之物"，指的就是本能。人类有想在战斗中取胜，不想在生存竞争中落败的本能。但若是我们依循基督教的伦理道德观去生活，就不得不压抑和否定这个本能。

我只能说，尼采的看法是健全且正确的。尼采不仅去思考伦理道德观的有效性，他还认为，不管是哪一种伦理道德观，我们都必须去判断它是否真的适用于人们身上，是否真的对我们的生活有所贡献。

尼采站在这个立足点上做判断，他认为，基督教的伦理道德观实在是过于空泛，完全无法落实。

因为，这个伦理道德观将大多数人类生存所需的本能与欲望视为罪恶，并期待神的恩宠降临，只侍奉神灵；与其关注现状，不如说是以进入天国为目标。这么一来，日常生活就变成不重视需要食物、救助、补助与金钱才能生存下去的现实生活。

再者，不管是什么样的概念，只要无法直接对我们的生命产生贡献，就是一种空虚的概念。因此，尼采也认为康德所提倡的善是无效的概念。

因为，康德所提倡的善，是没有人格的善，是一种纯粹概念上的善。人类是无法仅依靠概念就生存下去的。并不是人类要去迎合概念，而是概念要去迎合人类才对。我们必须以人类的现实生活为中心，去寻找与其相符的伦理道德观，若非如此，那它也只是阻碍人类生存的事物而已。

因此，我们必须先以现实中人类生活为中心，去思考各种事物，并判断它们对生命是否有益。这就是尼采独树一格的立场。

因此，尼采的哲学也被称为"生命哲学"。和苏格拉底及康德在纯粹概念上探讨的哲学不同，尼采的"生命哲学"意味着它是为了人类的生命而探讨的哲学。

那么，我们可以从尼采的思想中学到什么呢？

其中一个重点就在《反基督》第十一章中，虽然仅有一行，但文字极其清晰，"每个人需由自己去发掘善，以及属于个人的伦理道德观"。这就是一条逃脱之路。

我们要逃脱什么呢？要逃脱现在的自己，逃脱每日生活的苦闷，逃脱生活中的压迫感。整体来说，也就是逃脱尼采哲学研究者福柯所说的规训权力。

追随主流价值的空虚生活

在现代社会中，若只是漫不经心、逆来顺受地生活着，我们就免不了会受到规训权力的支配。然而，一般人都不会察觉自己正受到支配。他们会认为："虽说是受到支配，那也不过是政治和行政的方面而已，自己本身并没有受到这股权力的侵扰，身为一个人，我还是自由的。"

就算我们这么想，但要完全不受社会风气的影响，是不可能的事情。这就是所谓的支配与管理。我们只能依照被支配、被管理的方式去思考。

即使是还未完全社会化的小孩子，权力也会通过双亲去支配、管理他们。这并不是由双亲主动促成的，而是权力通过双亲的言行举止与生活方式，支配了小孩子。

当代的权力结构创造了这个社会。这个权力结构制定法律与制度，决定违法与合法的范围，并将此价值观当作人民道德观的基础，扩散成为社会的常识，创造出通行于社会与时代的风气。

我们在学校所学到的，是由权力结构所细密组织并提供的知识与教材。毕业之后进入公司工作，也是在权力支配与管理的罗网之下活动。

我们在个人的生活中，也可以通过电视新闻等大众媒体察觉权力的痕迹，其中潜藏着某种特定的伦理观，让我们只能在权力所决定的思考框架与价值观中生存。

在尼采生活的十九世纪，规训权力来自基督教所衍生的伦理道德观，而现代社会的主流价值，则是以特定方式追求利润的资本主义。拥有这个价值观的世界被认为是善的成功：经过激烈竞争后胜出，竭尽所能地赚更多钱。数字代表一切，而无法数值化的方面，例如艺术、人格、爱、个性等，都不过是弱者的装饰品。

若真是如此，那我们只要尽量去适应这个充满杀伐之气、竞争激烈的世界就可以了，不是吗？既然是在战场上，就只能武装自己去战斗，若不能斩杀接二连三出现的敌人，下一个倒下落败的人就是自己了。

但是，即使战胜了，剩下的也只是空虚感而已。就跟玩游戏时终于打倒最后的大魔王一样，人们往往只感受到无限的空虚。为什么会这样呢？

一直在某公司工作到退休，然后离开职场的人，也会有类似的空虚感。有些人为了寻找新的人生意义，过"第二人生"，埋首于各种兴趣中，像是登山，或是去上成人教育课程。他们感觉到，如果不找些什么事情来做，内在的空虚感就会不断扩张。

我们配合这个世界，迎合社会的主流价值，过着成功的人生，为什么最后得到的竟是茫然不知所措的空虚感呢？理由很简单，因为我们迄今为止都不是在过自己的人生。我们过的不是自己的人生，而是社会所规范的人生。

"社会所规范的人生"，意指我们学习社会的规则，并将社会的常识当作自己的常识，将社会的伦理道德观当作自己的伦理道德观。当然，大多数人都是这样过日子的，这也是最普通的生活方式。

我们无法以偏概全地说，这样的生活方式是不好的。遵循这种方式生活的人，常被认为是成功的社会人士。但是，对本人而言也是如此吗？我们的内心仍充满空虚，汲汲营营于社会所规范的事物，只是为了排除这份空虚。

如果我们能充分展开属于自己的人生，应该就不会有这种空虚感了吧？而且，正因为充分活出自己的人生，也不会想要替自己立传，或是去争取受人尊敬又伟大的证明吧？因为真正活出自己的人生，就会觉得满足了。

如何拥有自我与自由？

然而，到底什么是活出自己的人生？在这之前，自己究竟是什么？所谓的自己，并非现在眼前的我这个人。本能、意志与能力，都存在于我当中。

因此，活出自己的人生，就是释放并充分运用这些可能性。在这层意义上，狗、猫、小婴儿都算是活出了自己。因为他们没有任何企图或期待，只是单纯地活着。他们用全身上下去表达喜悦和开心。他们不会感到后悔，当然也不会去计算现在或未来的得失。

他们只要没有身体上的疼痛与不适，都能保持愉快的心情，因为他们不受任何限制，只是驱使着自己的本能、意志与能力在生活。任何人要充分运用以上三种能力，才能感受到真正的喜悦。

看看我们成人又是如何呢？在社会生活的规范下，无论何时何地都无法依照自己的本能去行动。我们也无法自由发挥自己的意志与能力。法律、道德、习惯、传统宗教、文化、礼仪、世人观感，这些都从四面八方压制着我们。因此，我们会随着时间、地点、场合，去注意身上穿戴的衣饰，留意自己的表情、视线、姿势与态度。

因为受到规范束缚，在我们的眼中，艺术家、作家、创作者这类人实在是很随意。只穿自己喜欢的衣服，随兴做着自己想做的事情，讲自己想讲的话，并从事具有创造性的工作。他们之所以能这样，是因为具有特殊才能的关系吗？

大多数感到压力沉重的人会想"如果我也有这种才华的话……"并很羡慕这些自由自在的人，但同时又坚信，才能是与生俱来的。事实上，创作者的才能大多不是天生的。他们也不会这么认为。创作者与一般人不同的地方，就在于他们从不相信才能来自遗传和天生。

事实上，这些人从未相信大多数通行于这个社会的规则。他们不认为那些泛滥于社会中，从规训权力所衍生的伦理道德观、思考方式、价值观等，永远都是有效且真实的。他们也不会轻易去迎合别人。

他们站在遍布着社会伦理道德观以外的位置，过着比一般人自由的生活。那么，这些人是否就缺乏伦理道德观呢？他们是不是某种怪人，或是法外之徒呢？

实际上，他们是有伦理道德观的。只不过，他们的伦理道德观不是这个社会既定的，而是他们借由自身的智慧与经验，不断去试探和锻炼出来的。

这不表示他们的伦理道德观就是特殊或异常的，相反，它往往更具有人性与普遍性。相较之下，一般的伦理道德观（即使看起来非常正常）也仅是某个时代的产物，仅适用于某个狭隘的地区与文化框架内。

正因为从事创造性工作的人所拥有的伦理道德观具有人类的普遍性，所以他们那些充满人性与普遍性的作品，能够超越时间与空间被广泛地理解，而成为有价值的事物。于是，这些与一般伦理道德观不同的想法，就被称为才能或异能。

最重要的是，他们的伦理道德观完全出于自身。他们是能创造价值的人。就是这一点让他们与众不同。

当然，在企业内工作的上班族和市井小民中，也有像这样具有创造性的人。他们并未意识到自己创造了什么伦理道德观，只是遵循自己的规则，过着具有强烈独特性的人生。

在这些人身上，我们可以观察到不随波逐流的特性。他们会自行做判断，并以独特的方式去解决人生和生活上的问题，可以说是过着非常具有个人特色的人生，这正是所谓的"特立独行"。在旁人看来，这种人的自我主张非常强烈，这正因为他们过着自己独特的人生。

创造自己的价值

另一方面，无法创造属于自己的价值的人，则是从既有的事物中去做选择。他们依此规则选择学校、选择工作、选择配偶。

这就是为什么，这个世界上有这么多教人如何做出安全又聪明选择的书。他们认真念书、努力工作并费尽心机，都是为了取得以当代主流观点来看最好的事物。

换句话说，他们的"人生"就是从既定的几个选项中去选择。因此，一如成为"上班族"被认定是可以出人头地的方法，在各个不同领域中，也有所谓成功的正统路线。

但是，在尼采看来，到底是谁悄悄地将这些人生的选项提供给我们？当然就是当代支配体制的权力中心了。结果是产生了一批行动、思考方式都在预设范围内，过着顺从且整齐划一生活的市民阶级。只要顺从的市民变多了，行政上的控制也会变得更有效率。

这种支配状态像一种保护措施，同时也能有效管理市民的生活。用比较过分的比喻来说，就像是将鱼养在鱼缸内一样，人们就这样飘浮于狭隘的世界中随波逐流地度过一生。

这些人并未察觉到自己正被支配着，反而错以为自己能自由行动。但是，他们只是服从社会既有的价值观和伦理道德观，因此也说不上是真正的自由，更不是依照自己的意志去行动，但他们还是能感受到这种被支配的状态，觉得有一股无法消除的压迫感。

来吧！成为不断实现自我的人

但是，为什么我们会感受到压迫呢？因为我们感受到自己无法掌握自己的生活方式，因为我们心中都有想要依照自己的想法去行动的冲动。

就算是小孩子也会有这种感受。虽然年纪还小，有些事情做不来，但若大人一直都从旁协助的话，小孩子也会感觉不愉快。就算是玩游戏，小孩子如果能自己掌控游戏，会觉得更开心。这是因为小孩子感受到，运用自己的力量才有"活着"的感觉。这正是尼采常说的"力量意志"其中一个含义。

尼采的著作《强力意志》（*Der WillezurMacht*），有时会被翻译成《权力意志》，但这并不算正确的翻译。翻译成"权力"的话，感觉好像只是政治上的权力。德文"Macht"原指广义的"力量"，尼采以此表达"人们想要使用自己力量的欲望"。

因此，在《查拉图斯特拉如是说》第三部中，尼采如此呼吁："遵循欲望去行动，成为主动追寻欲望的人。"

若我们不去实践自己想做的事情，这一生也只是在消费摆在眼前的选项而已。这样的人生到了最后，不过剩下无限的空虚。我们会一直走到无可挽回的地步，才有自己其实一事无成的强烈悔恨。

但也不是说，我们就必须依循当下的心情和欲望去行动。这只是放纵且散乱的行为而已。我们必须超越当权者所强制给予的伦理道德观与规范，创造出自己的规则与价值，并依此去过自己的人生。

到此，相信我已经阐明尼采所说的"去发掘属于自己的伦理道德观"这句话的意思了。

这句话是说，我们必须跳脱除空虚的黑暗之外什么也没有的既定人生选项，去创造属于自己的生活方式，只有自己才能做到的独特生活方式，并且为了能自由自在地生活，我们必须从善恶伦理开始去思考属于自己的伦理道德观与生存规则。

若要这么做，可是非常麻烦的。就好像在做一道菜之前，得先从下田种菜开始一样。当然，要能拥有自己的伦理道德观，可是比这还要麻烦，也很花时间。但即使很花时间，也比依循既有的伦理道德观去生活，结果只感受到后悔与空虚的人生要好吧。

实际上，如尼采，以及他所尊敬的诗人歌德，尼采哲学研究者福柯，这个世界上的众多作家，以及如塞尚等众多艺术家，他们都是这么活的。正因为如此，他们的才能才没有埋没于大众之中，从而让他们创造出具有个性的作品。

或者我们也可以这么说，想要充分运用自己的能力、活出愉悦人生的人，无不是从一开始就靠自己去创造属于自己的人生。

可以做到的人，被尼采称为"超人"。这是在尼采生活的十九世纪时使用的名称。过了一世纪之后，我们以其他字眼来描述这样的人，那就是——能够不断实现自我的人。就让我们努力成为能称得上是不断实现自我的人吧。

问答与

　　冀剑制：尼采认为我们应该活出属于自己的人生，又认为人应该成为强者。这两者是否有冲突呢？如果我不想成为强者，也算是活出自己的弱者人生吗？如果我的小孩不想成为强者，我应该尊重他的选择，还是想办法让他改变观念？

　　白取春彦：尼采所谓的强者，并非是物理上力量很大的强者，也不是拥有权力的强者。尼采所提出的"强者"，可以说是具有能够创造自己的强大力量的强者。

　　具体来说，就是能够树立属于自己的价值观并加以实行，且对自己所选择的生存方式丝毫不感到后悔的人。

　　另一方面，弱者就是上述的反面，即会附和他人的人，他们会不假思索地遵循、服从既有的价值观与生存方式，例如政治、宗教和传统。

扭转对世界的看法

／白取春彦

第四章

10 跟着索绪尔检视"语言"
——语言里藏着我对世界的看法

在瑞士的大学教授语言学的费尔迪南·德·索绪尔（Ferdinand de Saussure，一八五七至一九一三）一直到五十五岁亡故之前，从未写过一本供大众阅读的书籍。他是一个语言学家，并非哲学家。

然而，始终过着低调学者生活的索绪尔，在课堂上教授的讲义和手稿却被编纂成一本书《普通语言学教程》；这本书给二十世纪以后的哲学带来了极大的影响，因为他的思想为哲学思考开启了新的局面。

索绪尔研究的是我们于日常生活中使用的语言。他提出，语言有将事物"分类化"的作用。只要先了解这一点，就可以理解索绪尔的其他思想了。

语言的作用：将事物分类化

所谓分类化，意指以语言刻意去"分类"某些原本没有被区分的事物。我们随处都可以看到分类化的案例，譬如以年龄去区分未成年人和成年人。

当然，每个人的成长速度都不一样，会因为环境和营养状况等而有不同的成长。

但是，所谓的"分类化"就是无视这些实际状况，而以一定的年龄作为区分基准，这就是一种"分类"。

如上述案例，区分人类小孩与大人的话语是什么呢？就是"成人"一词了。各式各样的话语具有分类事物的作用，而由这些话语构成的文章也是在分类事物。

但是我们几乎没有发现语言具有分类化的作用，因此我们会将现实中无法区分清楚的暧昧事物，强制以语言将其分得一清二楚。

这么做有时会引发悲剧；例如，民族的歧视就是如此。借由民族的分类，我们认为不管是哪一种人必定属于某一个民族，并由此而产生不同民族也有所差异的歧视思想。

纳粹就曾经讴歌日耳曼民族的优越性，将犹太人视为劣等民族，导致大量虐杀犹太人的大规模歧视运动。

男女的分类方式也跟现实状况不同。所谓的男女之别，也是以话语去分类的。但我们都知道，有些人同时具有女性生殖器官和男性染色体，或者同时具有男女生殖器官。语言上的男女之别并不符合现实中的自然现象。

自然现象就是，有些事物虽然看起来相似，但其实各自有一些不同之处。当用同一个词语去归类时，这些事物就会被认为是"相同"的，但用另一个词语去归类时，又会被认为是"不同"的。

语言使得现实中存在的事物之间产生差异，这就是语言的"分类化作用"。

只要使用的语言不同，亦即各文化各自使用不同的语言，其语言的"分类化作用"也会不同。例如，日文、俄文、法文中描述色彩的语言所意指的实际颜色就有很大差异。

要完全正确地转译两个不同文化的语言是不可能的事情，因为并不存在能够完全相互对照的语言。

例如，日文说"水变脏了"（水が浊る），而我们找不到可以跟"变脏"一词相对应的英文单词。如果勉强要翻译，只能用 get impure，或许也可以用 muddy，但以日文的语感来看，muddy 意指比"变脏"还要混浊的泥水。

这并不是因为日文是一种比较细腻的语言。也有很多英文单词在日文中找不到一个可以相对应的词语，甚至连只是大致符合意思的说法都没有。

例如，solitude 这个词不能翻译成日文的"孤独"。日文中"孤独"的意思其实比较接近 loneliness。

Loneliness 与德文的 Einsamkeit 一样，都有寂寞的意思，但 solitude 一字却包含了享受孤独的充实感，而我们找不到可以恰好对应 solitude 的日文。

两种文化间找不到可相对应的字词，并不是因为不同文化对感性的表现方式不同，而是因为不同文化对事物、情境、心理状态等分类的方式不同而已。

由于语言具有分类化作用，我们无法以大自然和世界的原本样貌去看待它们。那么，如果我们不使用具有分类化作用的语言，是否就能以大自然与世界的原本样貌去看待了呢？

大概是没办法吧。就是因为有语言，我们才能认知大自然与世界的形态。认知就表示理解；所谓理解，意指去掌握这个对象对我们来说具有什么样的意义。

借由掌握对象，我们赋予了这个世界意义和价值。若没有语言，就无法这么做；也就是说，若没有语言，世界便会消失。

亦即，人类借由语言这个人工的颜料，给世界、环境染上属于自己的色彩。换句话说，借由染上色彩，我们得以将世界上所有事物做出各式各样的区别，并以这些区别为基准去分类事物，赋予它们各种意义。

文字通过差异产生意义

以一个最常使用的简单例子来解释人类对差异的理解，即形容相对位置的词语，例如上和下、左和右。

上面指的是哪一个位置呢？就是不是下面的位置。右边指的不是左边的位置，左边指的不是右边的位置；都是因为彼此的差异而相互指涉。如果只有右边，是不会产生任何意义的。

正是因为与其他文字的差异，这个文字才产生明确的意义。文字本身并非是独立的、具有特定的意义，而是通过与其他文字的差异比较才能产生意义。

形容色彩的文字也是如此；可以说，所有的文字都是借由差异才产生意义的。换句话说，文字只有借由与其他文字产生相互关系、相互差异，才能拥有意义。

这个状况并不仅限于文字。发音，亦即文字的音韵，也正是由于和其他文字音韵的差异，而各自拥有不同的意义与作用。

如上所述，所有文字都是借由和其他文字的差异来建立其意义，因此文字就是符号的一种。正因为文字也是一种符号，所以也和文字所指称的实际事物的本质没有任何关系。

可以说，文字就如同下棋时所使用的棋子。西洋棋的棋子中有国王、王后、主教、骑士、城堡、士兵这六种，若少了其中一颗棋子要怎么办呢？只要用橡皮擦或是小人偶代替棋子就可以了。

在这种情况下，代替的棋子究竟是什么形状、什么材质，一点都不重要。若丢失的棋子是骑士，即使代替的棋子形状根本就不是骑士骑在马上的样子，也没有关系；即使形状和其他棋子大不相同，代替的棋子也可以是具有相同意义的符号。

能指与所指

索绪尔最大的成就，就是发现作为符号的语言具有两面性。

这个两面性，就是语言的能指（signifiant，符号形象、发音）和所指（signifié，符号意义）。

以马路的交通信号为例来说明，红色是能指，"停止"的意义为所指。语言也是一样，法文的 chat 和英文的 cat 的符号形象与发音是能指，而作为意义的所指是"猫"。

大家可能会认为，不管是哪一个文字，都必须有能指和所指这两个要素紧密结合在一起才能成立，但实际上不管在哪个方面，能指和所指都不是紧密结合在一起的。

能指和所指并非固定的关系，不是目前使用的这个能指只能联结到某个所指。因此，cat 这个能指的所指也可能会是"狗""海"或"石头"。索绪尔称这一点为"语言的任意性"。

当然，如果有一个人以 cat 来指称"狗"，其他人恐怕无法理解他的意思。但如果有多数人都以 cat 来指称"狗"的话，cat 一词的所指就会变成"狗"了。

能指和所指之间的关联是任意的，因此俄文的 P 并不是希腊文的 P，而是希腊文的 R。英文的苹果是 apple，德文则是 Apfel，能指的形象和发音都近似，但和日文"リンゴ"（ringo）不管是能指或是发音都不相近。

语言的任意性

我们都没有察觉到语言是具有任意性的。在索绪尔发现语言的任意性以前，大多数人都认为事物的名称就是语言本身。

换句话说，人们认为事物与概念的名称的集合体就是语言。索绪尔却说："语言并不是名称的目录。"不知道各位是否了解这句话的意思呢？

如果语言是名称的目录的话，那么这一切是如何开始的呢？

举例来说，眼前有一个圆形的桌子，我们把这个桌子当成是全世界。桌子上排放着存在于这个世界的各种事物和概念；我们替这些事物和概念一个一个命名。这就成了人类的语言。只是由于国家和文化的不同，导致有不同的符号形象及发音。

如果事情真如上述，那么每个国家的字典的条目数量应该都会是一样的吧。而且，不同语言间的翻译应该会变得相当简单，很快就能找到相对应的文字。仅仅是文字的形象、发音、排列各不相同，但每一个文字所对应的意义应该都是一样的。

事实上却不是如此。即使文字的意思大致相同，但在不同文化圈内会产生不同的意义。例如，日文的"喜欢"，与英文（like）、德文

（mögen）、法文（aimer）的意义并不完全相同。

日文的"喜欢"（好き）有"中意"的意思，若要传达出细微差异，翻译成德文时就不该用上述的 mögen（喜欢），而是得用 gefallen（中意）。

而法文的 aimer 除了有"喜欢"的意思之外，也有"爱"的意思，无法完全对应日文的"喜欢"。另外，日文中有一个单词"爱玩"，用来形容宠物（类似中文的"爱犬"），在法文中是完全找不到相对应的单词。

如果在索绪尔提出语言的任意性之前，大家所相信的"事物与概念的名称集合体即为语言"这件事为真，那么大量的文字应该是从古代开始就具有固定的意义，且不管经过多长时间都不会改变。然而，事实上是否真的如此呢？各种文字其实一直都在持续变化当中。

例如，日文的"红色"，在现代认为是比洋红色（magenta）还要再明亮一点的颜色。但在以前，红色所指称的颜色范围比现在还要广泛，咖啡色或褐色都可以被称为红色。而在更早之前，红色是指明亮的颜色，也就是说日文的"赤"（音 aka）是从"明るい"（音 akarui，明亮）这个字衍生而来的。

英文中也有随着时间而改变文字意义的案例。例如，cattle 一词在现在是指"畜养牛"的意思，但在以前，作为资产而畜养的四足动物都被称为 cattle ；而在更早之前，cattle 其实泛指资产。

若语言能单纯地永远指称同一事物的话，就不会产生这么多的变化了。能指和所指之间的联结关系是可以随意改变的。

而代表文字意义的所指也绝对不是从很早以前就已存在、固定且不会变动的概念。

文字的意义，由文本定义

文字的意义不仅会随着时间而改变，而且必须将文字放在一段文本脉络中，意义才能得到确定。

若仅有一个法文单词 boeuf，我们并不清楚它是指在牧草地上漫步的"牛"（英文 ox），还是食用的"牛肉"（英文 beef）。然而，当这个单词出现在文本"吃 boeuf"中，boeuf 才产生了"牛肉"的意义。mouton（羊）、sheep（绵羊）、mutton（羊肉）也是一样。

亦即，一段文本会分类所包含的文字并决定其意义。其他文本也是一样，所包含的每个文字会产生相互关系，相互依存，并进行分类，决定文字的意义。

交通信号跟语言一样也是一种符号，因此也有相同的作用。将一块上面有记号的金属板放在某个储物间的角落，会让人搞不清楚它究竟代表什么意义。但是同样的金属板若放在街道上，人们就能理解这个符号是表示车辆禁止通行的意思。

将街道、路面、交通、车辆等组成一段文本，并将符号分类，使其产生"禁止通行"这个意义。

当然，即使是没有符号也没有文字的状况，我们身处的环境中的所有事物也是一种文本，同样具有分类化的作用，让词语产生特定的意义。

不管是什么事物，都不是从一开始就具有某种意义的，而当这个事物被放置在某个情境下，它才能产生当下的意义。请各位回想一下前述西洋棋棋子的比喻。

橡皮擦或小人偶可以作为代替骑士的棋子，但离开棋盘以后，身为骑士棋子的意义随即消失，它们便恢复成一般的橡皮擦或小人偶了。

因此可以说，棋盘与其他棋子的位置发挥了文本的作用，而代替骑士棋子的物品就是文字或符号。代替的物品仅在和棋盘产生关联时，才能被认知为属于西洋棋的一部分。

两千年前的古罗马帝国，曾经有人制造出以蒸汽压力驱动的玩具。然而，当时的人并没有把蒸汽动力运用在其他事情上。一直到十九世纪左右，才出现蒸汽驱动的火车。

也就是说，唯有在将蒸汽压力置于其他各种各样动力的状况下，人们才终于发现蒸汽压力与动力的关联性。在古罗马时代，当时仅有以家畜、奴隶或水车驱动的动力，人们并没有把蒸汽压力也当作是一种动力。

事物的意义来自与人类的关联

让我们再回到西洋棋的例子。举例来说，若有两个不懂西洋棋的人，很偶然地面对面坐在放着棋盘的桌子前，会发生什么事呢？

当然，对他们来说，不要说是代替棋子的橡皮擦了，就连原本的棋子和有六十四格的棋盘都不具任何意义。这是因为，这些物品必须与人类发生关联，才能产生意义。

虽然有人类的存在，但若没有与人类产生关联，事物就无法被赋予意义。人类在那样的情境中看见了什么，与这些事物发生了什么样的关联，然后视线所及的一切事物才能成为符号，并且产生意义。亦即，进入人类的视线中，或是与人类发生关联，就导致了意义的产生。

举例来说，军队是"进攻"，还是"侵略"，或是"进军"，可以借由使用的词语表现出军事行动与人的关联性。亦即，所使用的词语包含了与自身相关的价值和判断，并具有相关性。

因此，人类如何看待某些事物，或是与这些事物产生何种关联性，是决定哪些事物是相同、哪些事物是不同的依据。例如，我们会为河川与山脉命名，并认为即使在我们死了以后，这些河川和山脉也会永远存在。但实际上真是如此吗？河川和山脉真的是永远不变的吗？

顺带一提，公元前六世纪左右的希腊哲学家赫拉克利特曾说过："人不会两次踏入同一条河流。"这是因为，所有的事物都在不断流转改变中；流动的水也同样会改变。十九世纪的哲学家叔本华也说："变动正是世界的常态。"

如果我们重新铺设了原本尘土飞扬的道路，那么这条道路还是跟以前一样吗？当然，这条道路会变得跟以前不一样，不过我们还是用同样的名字称呼这条道路，并认为跟以前一样没有改变。

一个名为费迪南德的小婴儿渐渐成长，现在已经到了可以骑自行车的年纪了。当然这个孩子已经不是当初那个小婴儿，但我们还是叫他费迪南德，并认为这个费迪南德就跟以前那个小婴儿一样是同一人。

从上述案例可以了解，我们所说的"相同"，并不是指"物理上的相同"，而是"关系性与构造上具有同一性质"。我们的理解也和语言一样，是以分类的方式来看待这个世界。

不仅是人类，比起人类更多地受到本能强烈支配的动物也会这样看待世界。它们以自己的方式替这个世界做分类，区分出对自己来说有意义和无意义的事物，并将有意义的事物组成自己的世界。

这个"世界"就是对自己来说有意义的符号的集合体。

语言的变迁

之前已经说明过，文字具有意义，但其意义会随着时间而变化。意义会改变，就表示跟文字相关的概念也会一起改变。

作为各种宗教中心的神或佛等概念，也会随着时代变迁而改变。基督教神学将神当作神灵般的存在，过去的日本则将神（与上同意）等同于贵族或天皇。古希腊曾经将皇帝等同于神，也把自己的存在当作神。另一方面，佛本来是指顿悟之人，但到了现在，不同国家有不同的意义，有些国家认为佛是神灵般的存在，有些则指称死者。

但造成这种改变的并不是时间，而是语言中能指和所指的任意变化从根本上引发了时代的改变。这就是"语言替世界分类"的具体事实。

也就是说，不管世界是否真的发生了变化，光是能指和所指的改变，就能让依据语言去分类的世界看似产生了变化。

话说回来，我们的日常生活中是否也曾发生过同样的事情呢？自己平时使用的能指与所指，真的能完全符合他人的能指与所指吗？

完全符合这种事情恐怕很少见吧。即使是相同的能指，也常有代表意义的所指在不同人之间有很大差异的状况。正因为如此，我们在日常生活中会发生许多相互无法理解、不合、误解、对抗等情况。

让我们再一次回顾索绪尔的语言学，了解他提出的想法与从古至今一直使用的思考方式有多么不同。

以往人们都认为，是语言替这个世界上的所有个别事物命名。因此，每一个文字都有与其相对应的物体或是概念存在。

依照索绪尔的理论，实际存在的个体并不是造成文字间差异的根源；文字间的差异是来自认知方式的差异。例如，日本人会区分鲔鱼和鲣鱼，但西欧国家的认知方式不同，所以这两种鱼都被称为 tuna。

是认知方式产生了语言，因此不同国家文化所认知的彩虹颜色数量也不相同。日本说是七色，美国说是六色，津巴布韦等国所使用的语言修饰语则只有三色。

顺带一提，并不是说日本人的眼睛可以辨识出彩虹有七种颜色，而是因为我们在学校中学到，彩虹有七种颜色。先具有相关知识，再来看彩虹的话，就连小学生也会说彩虹有七种颜色。也就是说，这不过是通过学习所造成的先入为主的观念而已。

另外，在相信恶魔存在的文化圈中，人们会使用"恶魔附体"这个词，而在重视科学的文化圈或是时代中，人们则称其为精神疾病。使用的文字虽不同，但并不表示一个是未开化的文化，另一个是较进步的文化。主要是因为认知方式，也就是分类方式不同而已。

有些文字的指涉对象并没有实际个体存在。之所以会有这样的文字产生，是因为它们对人类来说具有意义，如龙、灵魂、幸福、成功等。

因此，我们眼中所看见的世界样貌，其实是借由我们所使用的语言塑造而成的。使用什么样的语言，以什么方式去使用，都会改变我们对世界的看法；最终这一切形成了社会、文化。

简单来说，文字的意义并不存在文字本身当中。文字仅是非自然产生的记号，而唯有在跟其他文字产生关系或差异之后，才能拥有意义。文字的意义会持续不断地改变。

langue（语言）和 parole（言语）

索绪尔又将语言现象分为 langue（语言）和 parole（言语）两种。

langue 为传达事物的结构。例如，单词、文法、基本发音等既有结构的整体就是 langue。

若不能事先了解 langue 的结构，当然就无法表达出对方也能理解的意义。小孩子的语言学习，并不只是小孩子借由模仿周遭人所说的话语来学习语言，而是包含 langue 的学习。

若无法事先了解一个文化圈通用的 langue，当然就无法在这个文化圈内以文字话语表达及沟通。因此可以说，langue 具有社会性。正因为具有社会性，该文化圈的人才能读懂并理解使用正确的 langue 所写就的书籍内容。

另一方面，parole 是指并不属于 langue，且和语言表达相关的所有要素的集合体。

当一个人说话时，这个人说话的声音可以说是一种 parole；并非针对特定人士且不算正确传达意义的自言自语是一种 parole；恋人之间的爱语是一种 parole；替自己常用的计算机命名为凯萝并呼唤这个名字是一种 parole；叫喊是一种 parole；对家人说："喂，那个怎么样了？"是一种 parole。简单来说，不具社会性、属于个人的话语，就是 parole。

我们在日常生活中大多时候都是使用 parole 思考。然而，当我们想要统筹整理这些思考，并写成一篇文章时，就不得不用到 langue 了。

亦即，若无法依循 langue 的社会性规则去表达，其他人就无法理解其意义。从没有看过一本书的人之所以写不出一篇通顺的文章，就是因为没有学习 langue。langue 和 parole 之间就是有这么大的不同。

那么，语言活动虽可单纯地二分为社会性的 langue 和个人性的 parole，但这两者之间是否真的完全没有关系呢？并非如此。parole 经过无数次的反复使用之后，总有一天会变成 langue。只要想象一下小孩子渐渐掌握语言使用的诀窍，就能明白这个道理了。

换句话说，parole 是将来会形成 langue 的未成熟形态，langue 则是 parole 经过磨炼后成为具有社会性结构的形态。

还有，仅在年轻人之间流行的话语是 parole，但若这种话语广为流传、使用，就会被记载在字典上而成为 langue。因此，词汇与字典的页数会一直持续增加。

总结来说，在索绪尔提出其思想以前，自柏拉图以来的哲学都是在思考事物的本质是什么。

然而，索绪尔的语言学让大家认识到，事物本身并不存在原本既有的本质，语言借由与其他事物的关系性与差异性而产生意义。

另外索绪尔的研究方法是着重于事物之间的关系性，换句话说，就是着眼于事物的结构。这种研究方法成了一九五〇年代以后诞生的一种哲学流派——结构主义——的起点。

　　冀剑制: 读了这篇我有个心得:"有语言才能造成歧视。"也就是说,人们歧视的源头之一可能是受到语言的欺骗。那么,要摆脱社会上的歧视观念,也许可以从语言的改造做起。身为语言的用户,我们要怎么改造语言或使用习惯,以避免歧视或偏见?

　　白取春彦: 改变语言的使用方式,是否就可以减少歧视与偏见?语言如同能无限增殖的生物一般,因此我认为我们不可能一一去规定语言的使用方式。

　　不过,人与人之间的相处方式,会让语言的意义产生变化,因此我们可以靠平日的行为消除因语言而产生的歧视与偏见。

11 | 跟着弗洛姆检视"爱"
——爱是给予，而非接受

研究弗洛伊德精神分析学说的德国学者埃里希·弗洛姆（Erich Fromm，一九〇〇至一九八〇），一般来说被认为是社会心理学者，但他并非那种能够平静地过着学术研究生活的学者，而是一生不断受到时代洪流的捉弄。但也因为如此，他所从事的并非以往替患者做临床研究的精神分析，而是提出能够解释社会动向的精神分析判断，并开创了社会心理学这一门新的学科。

弗洛姆经历过两次世界大战以及纳粹的压迫，这导致了他的人生颠沛流离；他因为犹太人的身份而被逐出研究所，并流亡美国。他的著作《逃避自由》（*Escape from Freedom*），即是在描述大众如何自愿服从于权威，这本书目前仍广被阅读。

约莫四十五岁以后，弗洛姆移居墨西哥，担任当地医学院的教授，同时也撰写了诸多研究"正常""爱""恶""希望"等与人类伦理相关主题且意义深远的著作。在弗洛姆的后半生，他不仅是个社会心理学者，也是以平易近人的语言传授学问的人本主义哲学家。

弗洛姆的大多数著作都不难读，甚至是相当易读好懂。一直读下去，就会发现自己所谓的常识与思考方式，是如何受到当前社会的强烈影响的，接着能让自己的世界观完全改变。

我以反映弗洛姆思想的《爱的艺术》(*The Art of Loving*)为主，提出几个对生活在现代社会的我们来说相当贴切的例子，让大家更加理解弗洛姆的思想。

人际关系商品化的时代

某个电影角色曾说过这么一句话："人生就是游戏。"

一般来说，电影这个媒介高度反映了那个时代人们的价值观与人生观，因此，"人生就是游戏"这一譬喻，可以说是许多现代人的想法。

然而，真正重要的并非去探讨人生是否真如游戏。因为许多人都有一种将人生比喻为游戏的想法，因此电影或戏剧中才会出现"人生就是游戏"这样的台词；若非如此，一般观众应该也无法理解这句台词的意义，甚至产生共鸣。

那么，"人生就是游戏"究竟代表了什么意思呢？首先是指，人生犹如游戏一般，事先就定好了规则，而这个规则就是如何在游戏的竞争中取得优胜的方法。

假设我们必须遵守这个方法，才能在游戏中过关并成为赢家。因为是游戏，一定会有赢家跟输家。当代社会之所以会出现这么多成功学的书籍，就是人生游戏规则的其中一个方面。这些书籍都在说明如何在人生游戏中取胜的方法（先不管是否真有成效）。

并不是只有商业界才有这种游戏方法论，这些游戏规则也渗透入我们的日常生活与价值观中。整个社会无言地暗示了，什么样出身的人会进入什么样的学校，毕业后会进入什么样的企业，会建构什么形式的人际关系网络，以及最终会成为哪种层级的优胜者。

朝着优胜迈进的人生，就像是一路收集重要卡片的卡牌游戏一样。因此，"人生就是游戏"这一譬喻，自然能得到观众的认同与理解。

宛如游戏的人生的输赢规则是很清楚明了的，那就是收集到的东西越多越好。得到更多的金钱、更多的机会、更多的自由、更多的时间……目标就是以量制胜的富裕。这不就是自古以来持续到现在的，大多数人的人生目标吗？

但并非如此。十八世纪后半叶起，工业革命从英国兴起并逐渐扩散到其他国家，社会形态为之一变，之后资本主义经济蔓延至全世界，但这也不过是近二百年的事情。从这时候起，人们就进入了大多数的事物都可以商品化的时代。

虽然马克思于《资本论》一书中提出"劳动力商品化"的批判，但商品就是具有能满足人类欲望的使用价值。现在也是如此，各种商品有各自的价值，通过支付符合商品价值的金额，我们就可以得到该商品。

对现代人来说，这是理所当然的事情，但这个观念改变了我们看待事物的方式。简单来说，不仅是市场上的商品，我们也会对人以及人所从事的工作附加商品价格，完全不认为这么做其实就是商品化概念的应用方式。

我们在不知不觉中也以商人为商品定价的目光，来看待与人生以及人性相关的事物了。于是，本来仅止于比较市场上商品价值高低的观念，也成为评判他人优劣的指标。

弗洛姆于其著作《占有还是存在》（*To Have or To Be*）和《存在的艺术》（*The Art of Being*）中强调，生活在商品如洪流般的现代社会的人们，无法区分"存在"（being）与"占有"（having）的差异，而且特别重视"占有"这个方面。

因此，人们不去探讨"要过什么样的人生"，而是"要占有多少东西"。虽然我们会去确认一个人的能力究竟有多么优异，但评判的标准是以眼睛可见的事物为主。

例如，我们会以学历、取得的证书、重要人士的推荐、语言能力的等级等可以文字说明、客观理解并具体证明的事物，来代表一个人的本质与能力。

爱情犹如购物

与爱情相关的许多事情也是如此。

举例来说，我们并非爱着在我们面前的这个人原本的模样，而是爱着这个人身上明确可见的附属条件。寻找适合结婚的对象时，也会要求对方具备各式各样的条件，犹如在挑选好商品时想得到的最佳结果。

恋爱，可以说是正在建立相当深厚的人际关系，也常常以对象的价值作为评估指针。例如，决定是否要跟对方交往时，从对方的外貌开始，家世、血缘、学历、环境、财产、现在的社会地位与将来的可发展性等，逐一评估，一定要选择普遍看来最优秀的才行。

因此，对现代人来说，这不是"谈恋爱"，而是"获得（get）恋人"。恋人就是具有一目了然的价值且充满魅力的商品。结婚也是一样，人们并不是与配偶结合，而是获得一个具有价值的妻子或丈夫；孩子也同样是有计划地获得的商品。

"我们所生存的社会，是建立在购买欲望，以及刚好可互相交换以取得商品的思考方式上的。现代人的乐趣就是开心地浏览商品，并使用现金或分期付款去购买买得起的商品。每个人也都用选购商品的方式看待别人。对男人来说有魅力的女人，或是对女人来说有魅力的男人，都是用这种方式去寻找、选择的。"

"所谓的恋爱对象，就是可以用自己去交换取得的商品。……这两个人衡量自己的价值，并去寻找市场上可购得的最佳商品，在找到的这一瞬间，就坠入了爱河。"

人际关系也变得像商品交换一样，因为这个社会认为物质上的成功等于有价值。

在自我介绍的时候，必须言及罗列各项条件的说明书，与他人的人际往来也仅是在确认这些条件；这就是所谓的人类商品化。我们并不是在跟那个人往来，而是借由人际交往之名去利用对方所具备的属性和价值而已。

与弗洛姆生活的年代相比，现代社会中这个现象可以说是愈演愈烈。只要想想有多少的交友网站、交友软件就能明白了。我们并不是实际跟这个人交往，而是看了看对方的条件、做比较，然后以为这样就可以了解这个人了。

但是，为什么现代人会这么渴求一个交往对象呢？人们渴望成为某个群体的一分子，寻求同伴，同时也希望保有个性，但为什么最终还是选择变得跟大多数人一样呢？

弗洛姆说，其中一个理由是，人会因为忍受不了孤独的不安，而选择与他人合而为一。他在著作中是这么写的：

"人类心中最强的欲望就是，摆脱孤立状态，寄望从孤独的牢笼中逃脱出来。

"不管是在哪一个时代、哪一种社会，人类所面临并迫切想要解决的问题就是，如何摆脱孤立状态，寻求与他人合而为一，希望超越孤独的个人生活，与他人成为一体。"

若一个人的价值观与社会和组织的价值观不同，他就会感觉自己被排除在外。若能与社会群体有相同的价值观，人就不会感到被孤立。

现代人也是一样。为了让自己感到安心，他们寻求定位，害怕被孤立。人类被一种冲动所驱使，想要隶属于某一个主流团体，想要与大多数人一样。

"在现代的资本主义社会，平等的意义已彻底改变。在今日，所谓的平等如同机器一般，亦即失去个性的人的平等。现在平等并非指'整体性'，而是指'同一性'。这种'同一性'是舍弃了众多不同事物，只追求大家都做同样的工作、拥有同样的兴趣、看同样的报纸、具有同样的感情与思考方式。"

我们可以通过宗教感觉到自己与他人合为一体，也可以通过被虐与虐待的性关系达到同样的效果，而支配与被支配的主从关系可以让人体验到合为一体的感觉。

但为了达成这样的关系，我们必须牺牲、交出或压抑心中的某样东西。我们也可以从这样的关系中看到压倒性的支配与崇拜的倾向，但这样的关系通常都具有病态特质。

不过，有一种方法并非病态，却能让人体验到合而为一的感觉。那就是，以成熟的爱去爱人。在这个情况下与对方结合，也都还能保有彼此的完整性与个性。

"爱是人类心中的动力，是能让人打破与他人隔阂之墙的力量，也是能让人与人之间联结在一起的力量。爱可以让人摆脱孤独感与孤立感，但同时仍保有自我，不会失去个人的完整性。爱是一种让两个人合而为一，而两人又能维持个体状态的矛盾现象。"

弗洛姆所提倡的爱，并非电影媒体中呈现的爱，也不是大多数现代人认为的爱。弗洛姆在《爱的艺术》中主张，这样的爱才是人类所需要的爱。

爱就是给予

"爱就是给予，而非接受。"

当许多人听到弗洛姆的"爱就是给予"时，不仅是商人，恐怕很多现代人想到的还是自己是否损失了什么吧。因为我们若给予别人什么东西，就等同于我们实质上损失了什么。很多人直接地认为，给予相当于物品的转移，因为把某样物品转移给了对方，所以造成了自己的损失。

在某些宗教场合，人们会认为给予就是一种牺牲，故是美德；这种想法有些被虐倾向。但即便是美德，对这些人来说，给予是伴随着痛苦的牺牲，因此给予还是被认为等于损失。

有这种想法的人通常会以物品的数量多寡当作唯一判断基准，他们自以为拥有很多物品就等于富裕。然而，爱并非可以用数量换算的东西。将爱换算成数量的人们，是受到资本主义经济社会的影响，认为物质上的成功是重要价值，因而无法区分"存在"与"占有"的差别。

有些人会竭尽所能取得更多物品并囤积起来，这其实证明了这样的人并不具有生产力，因为他们认为自己仅能从外部取得物品，无法自己生产。

然而，对具有生产力的人来说，给予并非损失，而是一种喜悦。凭着自己的意志，自由地将力量或财产给予他人，这本身就是一种喜悦，同时也表达了自我生命力的强悍。

因为自己很富裕，即使一部分给予别人了，还是可以靠自己再生产出来，所以能够不吝惜地将拥有的东西给予别人。那么，这种具有生产力的人，都是些什么样的人呢？

弗洛姆认为拥有很多股票与房地产的富人，并非具有生产力的人。确实，股票与房地产都是在价格上涨或转售时增加价值的东西，而且都还是物品，若把这些物品给予别人，财富当然会减少。

用简单一句话来描述富裕又具有生产力的人，就是有能力的人。这些人即使失去了物质上的财产，也不表示他们就变得不再富裕，当然也不是变贫穷了，他们只要使用自己的能力与技术，就可以再生产了。能力跟技术是不会减少的东西，当然也无法被偷走。

不是只有具备特殊能力的人，才算是富裕的。带给别人欢笑的人，就跟给予喜悦、乐趣、知识、智能的人一样，都是富裕之人。这种给予也可以称为爱。换句话说，能毫不吝惜地给予别人自己能力的人，就是懂得爱的人。这样的爱才能使对方的心中也萌生爱。

在考虑利害的交互关系中，仅是把对方当作可利用的客人，可自由使用的道具、对象和材料，这样的关系是不会产生爱的。当将对方视为与自己有相同价值、重要的人时，我们才能产生爱。

为什么呢？因为爱并非物品。爱仅萌生于每个人的生命中，也仅能传达至每个人的生命中。

能够给予爱的人具有成熟之人的特征。

给予爱之人的特征

从根本上支持爱这个动力的，就是体贴、责任感、尊敬、理解。当给予爱之人实际上去爱时，其就会展现出这样的态度。

通过与人往来的经验，我们都知道当我们把对方当作重要的人时，就会展露出体贴、有责任感的态度。不过这种体贴与责任感，与好好对待宠物或贵重物品是不一样的。

如果我们以对待宠物的方式去对待重要的人，就不是一种爱的行为，而是支配与占有的关系。实际上确实有不少人会像这样强制束缚恋人，并认为这么做就是展现出强烈的爱。

真正的爱的行为，必定包含了尊重与理解在内。因为尊重对方，所以绝对不会做出支配对方、让对方听命于自己的事情，必定是在尊重对方的个性与人格的情况下去爱对方；但即使如此，也不表示自己就会听命于对方，成为仆人。

因为是去爱一个与自己不同的人的原本样貌，所以也需要理解对方。这是一种想要深入了解对方的欲望，但这个理解并非指知识性的理解；我们绝对不可能通过追求学问般的知识性理解去了解一个人。

唯有通过爱的行为，我们才能理解一个人；然而这样的理解是无法经由言语或理论去说明的。为什么呢？"人类并非物品。人类是生命体，是一直处于发展中的生命体。"［出自弗洛姆《生命之爱》（*For the Love of Life*）。唯有从一开始就没有生命的单纯物品，才可以用语言或理论去说明。］

很明显地，这种理解与一般社交时的理解，以及学校学习时的理解是不一样的。通过爱去获得的理解，完全超越了知识性理解的层次，是经由身心去体验的；要到这种程度才能够真正理解对方。这样的理解也具有体验自己与人类存在的特质。

还有，爱的行为并非仅针对与自己有关的某些特定人物而已。所谓的爱，是一种"针对全世界"的态度。

爱的练习

若我们追求的是如同古今中外的恋爱剧一般激烈的爱情，希望自己只爱一个人，那么这仅是一种共生般的执着而已。或者也可说是欲望的另一种形态，或是自我中心的扩大形式，这其中并没有爱。

若是真正的爱，应该是通过某个人去爱所有的人，而对世界整体生命的爱会转化为对自然的爱。这才是真正的爱，有点类似友爱的意思。

因此，若是真正的爱，其中应该还包括了对人类真正的理解、真正的同情与真正的认同。这么一来，我们所害怕的孤立感就会消失无踪。

通过这样的爱的实际行为，弗洛伊德所主张的"爱就是性本能的升华"就被推翻了。而爱情也会通过爱上对方这件事，延续为肯定并去爱所有人的原本样貌。

为了让自己具备爱的力量，我们必须练习独处。我们得远离那些与工作和日常琐事相关的例行公事，习得一个人自处的能力。

"能够独处，就是爱人的必要条件之一。若我们因为无法自立，而必须去依赖他人，或许所依赖的人会成为我们的救命恩人，但两人之间的关系绝不是爱。反过来说也是一样，必须先培养独处的能力，才能产生爱人的能力。"

以上弗洛姆的主张乍看有点说不通。为了提升爱的能力，应该积极劝说人们实践爱的行动，但弗洛姆的说法却是相反，仿佛在劝人采取消极的做法。

不过，弗洛姆提出保持孤独状态的主张是有理由的。首先，我们必须消除在这个喧嚣的资本主义经济社会中生活所染上的功利价值观。

去除了功利的价值观后，我们才能看见赤裸裸的自己，这时就能逐渐了解到，自己的精神究竟依赖着什么。然后也必须忍耐，消除各种外来的诱因，持续保持自我的状态。一直以来，我们都太过习惯于用外界的事物来掩盖真正的自我，因此我们必须试着彻底断绝这样的习惯。

接下来要做的是让自己进入仅是呼吸的状态。方法很简单：伸直背脊，坐在椅子上，双眼轻闭，自然缓慢地呼吸，就可以了。

这么做时，心中会涌上各式各样的思绪、感情和影像。我们必须无视这些东西，尽量让自己停止思考。即使进行得不顺利，也不要轻易放弃。总之，我们得尽力让自己沉潜于这份寂静之中，这一来，我们就会变得只感觉到自我的存在。每天早上起床后与晚上睡前，都如此练习二十分钟左右。

这就是所谓的冥想，但弗洛姆并未称这套做法为冥想，因为他想去除与这个名称相关的宗教意味。这种冥想几乎没有什么可遵循的做法流程，但能有立竿见影的效果。内心可以变得沉静、平稳，人们处于寂静的状态中也能觉得很自在。注意力会变得比以往还要集中，甚至觉得整个世界都变得清楚澄澈了。

接下来，我们会觉得自己可以全心投入想要处理的事务中，这么一来，我们将体验到所经手的一切都有各自的意义。这不是说我们可以从琐碎小事中找到什么特别的意义，而是整个人感觉到自我这个存在的意义。换句话说，会觉得每天都变得很充实，没有浪费时间；不管何时，都是以全身心去感觉目前生存的每一刻。因此，只要实行这样的生活方式，就不会感到后悔，或觉得需要反省。

只要彻底贯彻上述的生活方式，在人际关系中出现的伪装、欺诈、策略、操弄、奉承等，也都会自动消失；也就是说，我们能呈现出最纯粹的自我。从某种意义上来看，这样的人在现代社会中是非常特殊的存在。

与人交流时我们也会有明显的不同，就是说话的方式变得更纯粹，只说发自真心的话语，并能够敞开心胸倾听对方。因此很自然地，人际关系改变了。我们会很自然地避开那些犹如商场上试图操纵对方至某一特定方向的沟通模式，并且增加了与那些能保持自我、个性率直的人们的交流。

我们会倾向于与能以具体的语言说出内心深处想法的人交往；这是展现真实自我的人们的交流关系。唯有在这样的关系中，才能萌生出爱，而我们很自然地具备了辨识这样的人的能力。

根据弗洛姆的说法，这就是人的觉醒。唯有觉醒的人才能真正去爱。

只要达到这样的境界，我们的自我就不会轻易动摇。不管周遭的人说了什么，我们都能保持坚定平稳的自我，全心专注于真正想做的事情。我们会产生强大的自信，并在反复实行的过程中，不知不觉地产生新的自我。

这并不表示，我们接下来就一定会得到世俗所谓的成功，过着辉煌灿烂的人生；人生中的各种痛苦、失望、不合理以及试炼也不会因此就免除了。但因为我们具备了可以全然接受这些痛苦的觉悟，并有跨越这些障碍的强大力量，因此能过着比一般人都还要强韧的人生。

在这个追逐金钱、功利的资本主义经济社会中，这样的人实在是非常特殊的存在。然而，这才是体现人心中最深沉的欲望、能去爱所有一切的真正的人。

问答与

　　冀剑制：恋爱中的人大多害怕对象移情别恋，所以强制束缚恋人，导致双方都不快乐而本末倒置。但放手给对方自由是否一样很冒险？究竟怎么做比较好？

　　白取春彦：弗洛姆认为，唯有自发性的爱才具有爱原本的意义，这和试图与对象建立关系，并进行恋爱的攻防战是完全不一样的。

　　恋爱时的你来我往、担忧、迷惘，都是弗洛姆所说的"共生的执着"；这也是自我中心主义扩大之后的现象。另外，一般所谓的恋爱中也少见真正的爱。

12 | 跟着萨特检视"行动"
——赌上自己，接着行动

人类的本质是什么？从古希腊时代以来，有许多哲学家都试着探讨这个问题。

如果认为是神创造人类的话，那么人类就是神的创造物，是神的仆人；这是某些宗教信徒的想法。

当然，即使深信上述说法，也不表示这就是真相。信仰的虔诚与否，和真实状况并没有任何关联。

就算真的有所谓人类的本质，直至今日我们还是无法理解这个本质是什么。圣经中也没有针对人类的本质做说明。圣经只说明了，人是由神所创造的。因此，奉圣经为经典的宗教，认为人就是神的创造物。

然而一般来说，应该是先有什么动机和目的，才会想要去创造什么。这些动机和目的往往会成为创造物的本质。很多生活用品就是基于这样的想法而被创造出来的。几乎没有一样事物是在没有思考本质的状态下被随意制造出来的。创建组织或系统时，也跟创造商品是一样的过程。

本质和存在

若人类真如圣经所记载的那样，是由神所创造的，那么应该就有创造的动机和目的，这也会成为人类的本质。然而，圣经中却完全没有关于人类本质的说明。

不过，即使不是信徒，或自认为是无信仰者，当中也有不少人的想法就类似上述宗教思想。他们认为有一种普遍的人性存在。若以此为出发点，去思考人类是什么，就是本质主义的其中一种类型。

萨特（Jean-Paul Sartre，一九〇五至一九八〇）认为，从客观上来看神并不存在，因此人类并非由神所创造的。他认为，有可能人类就是在没有动机也没有目的的状况下，突然出现在这个世界的。因此，从这个立场出发的萨特说："人的存在先于本质。"

所谓"存在"（英文：existence，德文：Existenz）就是指"存在于现实中"之意。本质是一种观念，而存在是指实际存在于现实中。

萨特以拆信刀为例，说明本质与存在之间的差异。一般来说，拆信刀是为了能拆开信封才被创造出来的；也就是说，先有本质，再依循本质创造出物品。因此，拆信刀的"本质（目的和功用）先于存在"。重点在于，拆信刀的存在理由已经事先决定了。

那么，人类的状况又是如何呢？人类也跟拆信刀或剪刀一样，是为了达成某种目的，为了完成某种功用而创造出来的吗？或者说，人类的本质是事先被规范的吗？

应该并非如此。人类是在没有本质也没有目的的状态下，存在于这个世界（也就是存在于现实中）的。所以，并没有小孩在出生时就注定未来要成为警察或是消防员。

当然，关于人类的本质也有其他观点。例如，有种观点认为，人类的动物性本能就是人类的本质。依据这种观点，人类的行动往往受到这个本能的束缚，换句话说，若人类只能采取本能性行动，那么人类的本质也跟动物一样，就是本能。

现实究竟又是如何呢？人类其实可以很轻易地就压抑这些本能，也会采取跟本能完全相反的行动。因此我们无法轻易认为，人类的本质就是本能。

因此萨特说，人类是一种没有事先决定本质、也无法事先定义的存在。

不安的自由

若人类有所谓的本质，人类就会变得不再自由。若人类的身体与精神中有所谓的本质，那么人类的行动与思考仅能顺应这个本质的框架去行动。

而萨特认为，人类并没有所谓的本质。基于人类未受到本质所束缚这一点，萨特提出了自己的自由论。正因为我们没有本质，所以才能自由地做选择并行动；当然，不去做选择和行动，也是你的自由。

然而这种自由，与从令人无法忍受的束缚中解放出来而感到欢喜的自由是完全不同的。萨特指出，这种自由反倒令人感到不安。

为什么会让人不安呢？因为人们所做的选择与采取行动的理由，除自己的想法以外别无其他依据了；甚至没有能够正当化自己行为的标准。也就是说，我们是处于一种完全找不到借口的状态。

例如，正当饥肠辘辘时，你眼前出现了食物，但这是别人的食物，现场除了你自己以外没有任何人。在这种状况下，你会采取什么样的行动呢？

　　若人类的本质就是本能，应该会因为觉得饥饿而随即拿起食物吃下吧，并且一点都不会感到良心不安。但事实上，人们不会这么做。人们会犹豫，思考究竟该不该吃这些食物，然后不得不做出选择。

　　基督教徒也是以圣经中的话语作为自己的伦理观与行为规范的基础，基督徒认为擅自吃下别人的食物就是盗窃，因此不敢随意拿取别人的食物。

　　有些重视现行法律的人，也跟信奉宗教教诲的信徒一样，是以法律作为行动的基础。他们会依照当前社会的风向来规范自己的行为，判断这么做是否会犯法。同样地，也有些人会将社会的文化传统与习惯当作行为伦理的基准。

　　这样的人都是将存在于记录中或记忆中的案例视为绝对的标准，并沿用此标准当作行动和选择的准则。有些人可能觉得自己并不拘泥于宗教或传统的规范，但没发现自己也做出符合传统规范的行为。

　　所以，自己是一个什么样的人并不是事先就决定了的，而是通过每个人各自的选择与行动来决定。这正是萨特所主张的，"人类是由自己所塑造的"。

　　并没有人本性是残酷的，也没有人本性是善良的。人是因为做了残酷的事才成为残酷的人，做了善良的事才成为善良的人。人是依据每次采取的行动塑造了自己。这就是"存在"的人们的姿态。

行动的自由伴随着责任。一个人每次的自由行动，都有可能会让他人感到不快，甚至被视为有敌意的行为，或者被认为是反叛。即使真的被他人敌视，也只能说我们必须为自己所选择的行为负起责任。

这里就出现人类的两难了。若乖乖地遵守自古以来的信仰、宗教、民俗习惯、社会惯例等规范的话，我们就跟被设定本质来动作的对象没有两样。若要脱离这种状态，活出人类真实的存在，必然伴随着无数因责任而来的痛苦。不用负责任且安全的状态是不存在的。

萨特称处于不安状态且无法逃脱的人是"被判为自由的人"。生而为人，我们永远都无法逃离名为自由的刑罚。

在第二次世界大战结束后的一九五〇至一九六〇年代，世界上有不少年轻人信奉萨特的存在主义，但并不是因为他们读了萨特的著作《存在与虚无》(*L'être et le néant*)，并真正理解其含义之后，而是误会这本书是在教人无限制地自由解放，并推崇不用负责任的状态以及漂泊的流浪生活。

意识的作用是什么？

萨特将物品命名为"自在"（法文：en soi，德文：an sich），而将人类命名为"自为"（法文：pour soi，德文：für sich）。

萨特是从关系的层面考虑，才使用了这样的命名方式。

物品的"自在"意指"自在的存在"。这是因为物品跟其他物品之间并没有产生关联。另外，物品是其所是，不会变成其他物品。物品只会是物品。

可能有些人会觉得，"物品是其所是"这一句话有点奇怪。因为我们都认为，人类也是其所是。

然而萨特认为，人类是会不断地试图变成自己以外的事物的存在。这是因为，人类跟物品不同，具有意识。人类是有意识的存在，因此能与其他物品或人产生关联性。所以他称人类为"自为"。这个"为"，是指"为自己"的意思。

因此萨特主张，每个人皆具备的意识作用，正是存在的性质。

那么，意识是什么？

我们的意识总是不断在追求什么。意识一定具有某种目的。在这层意义上，我们可以理解意识并非如同生物感应装置的东西。

若意识是脑中的某种特殊感应装置，这个装置的机能也可能有停止作用的时候。那么机能停止时的意识又是什么呢？我们并不会将停止机能的装置称为意识。

正因为意识一定总是追求着某个对象，我们才能察觉到意识的作用。但是，当意识在追求某个对象时，意识会全神贯注于该对象，但人自己却对意识的作用毫无自觉。

换句话说，当自己对意识毫无自觉，也就是完全处于无的状态时，意识才能百分百地发挥作用。当意识发挥作用时，必须让自身处于无的状态。我们认为本身没有意识的存在时，才正是意识发挥作用的时候。

另外，意识也会完全无视其所追求的对象以外的事物。若不这么做的话，意识就没办法全心去追求了。

存在一定伴随着无

并非只有意识需要无的状态。我们想要实践存在的生存方式时，也必须让自己处于无的状态。

例如，有个人想要成为职业足球选手。因此他必须开始提升体力，做足球的基础练习等。他所做的事情等于是否定了过去没有想成为足球选手的自己，并试图成为一个新的自己。目前这个想要成为足球选手的自己，跟过去的自己完全不同，并且在展望未来。

为了要成为所期望的未来的自己，必须从现在开始改变生存方式；这种状态被萨特称为"投向"（法文为 projet，向前面投出）。因此，存在的生存方式就是"活在投向的状态"。

想要成为全新自己的投向，为当前的练习和提升体力等行动赋予了意义。年轻人迎向未来的积极姿态令人感觉生气勃勃，正是认为现在的行动对自己的未来有充分的意义和价值，因而感到喜悦。

然而，未来所期望的状态（以上述案例来说，就是成为职业足球选手）其实还很遥远。目前的自己连个业余选手都还算不上，也不是说只要经过一段时间，就一定能成为职业选手。或许目前这些基础练习对未来的自己来说是有意义和价值的，然而若让未来的自己回头来看，现在的自己其实尚未有任何成就。

因此，现在的自己只是个虚无。虽然是虚无，但若不是虚无，那个投向的自己就无法成立。就算自己试图投向，但若无法让当前的自己成为虚无，就无法持续投向。

人会不断地投向，并想着总有一天一定可以成为职业选手。不过，即使自己所期望的目标达成了，也不表示就会永远停留在同样的状态。一旦成了职业选手，也会不断投向，想要变得更强，想要成为先发选手，想要成为能让知名球队挖角的世界级选手。就在不断投向的同时，当前的自己也一直持续地成为虚无。

这是存在的自由生存方式的束缚，是无法消解的不安感，也是加诸人类身上无法逃离的刑罚。因为，想要成为其他某种事物的生存方式，本身就是一种不断投向的过程。

因此，只要持续实践存在的生存方式，人就会不断地成为虚无。萨特的著作《存在与虚无》中所说的"虚无"，就是指这样的"虚无"，而"存在"指的当然就是人类和物品了。

然而，正是因为处于这种虚无的状态，我们人类才能找到生存的意义。唯有不断地超越过去与现在的自己，投向新的存在，才能找到生存的意义。

例如，试想以下的状况：我是全世界最有钱的人，我可以买下世界上所有的东西，摆在自己的房子里。但如此就能让人生充足且完整了吗？

并不是这样的。唯有作为主体的自己与这些物品产生关联，并借由产生关联来让自己成为一个全新的存在，才能找到生存的意义和价值。

物品只是存在那里的话，并不具有任何意义或价值。当自己与那项物品产生关联，才能出现意义和价值，而且是对自己来说如此。不过，这是通过行动而产生的关联，因此不仅对自己来说具有意义与价值，行动也一定会对他人造成影响。

这样的行动在总体上改变了世界。萨特在《存在与虚无》的第三卷中即如此说明："行动为世界的样貌带来变化。"

因此，人生与世界并非事先就隐藏着某种意义。人生的意义并不是静悄悄地被埋藏在什么地方。但当人与人生或世界产生关联后，就开始产生意义了。同时，我们也对因为自己的选择而产生意义的人生及世界负有责任。

所谓实践存在的生存方式，并不表示人们只是想要成为什么其他事物而已。为某样事物而感到痛苦，并想要从这种痛苦中逃脱的人，也可以说是实践了存在的生存方式。因为，他否定了现在的状况，而将视线投向未来，并且试图从没有痛苦的未来中找出意义和价值。

这个状况就如同，试图把充满痛苦的现在化为虚无，虽然目前还无法实现这个愿望，但积极地朝没有痛苦的未来前进。因此，试图脱离当下痛苦的人，也抱持着实践存在的生存方式的人所具有的虚无。

萨特认为，在这层意义上，人类就是将虚无召唤到这个世界的存在。

行动塑造了人类的存在

萨特的人类观的特征是："人类是由自己所塑造的。"

这并不是指，人类可以成为自己想要成为的人；而是指，人类是借由行动来塑造自己的。这两者似乎难以区分，但欲望和行动完全是两回事。

不过一般来说，大家都认为人类在采取行动以前，会先预想各种各样的行动所招致的结果，最后才真正开始行动。或者认为人类在行动以前，会参考某些过去的案例、方针、伦理或法律、普遍的习惯，甚或宗教和神的指示来行动。

但这只是单纯的错觉。虽然人类认为，自己是依照过去的案例、法律、习惯、神的话语而采取谨慎的行动，但实际上人要为自己的每一个行动负起责任。即使认为自己是在神的命令下采取行动，也必须为其负责。

萨特于《存在主义是一种人道主义》（*L'existentialismeest un*

humanisme）中举了被丹麦哲学家齐克果称为"亚伯拉罕的不安"的旧约圣经故事为例。

神对信仰虔诚的族长亚伯拉罕说："带着你的儿子艾萨克到摩利亚山上，在那里杀了他献祭。"亚伯拉罕依照神所言，带着儿子来到山上，绑住他并放在柴薪上。亚伯拉罕正要举刀杀了儿子时，听到天上传来天使的声音："不要杀了那个孩子。神已经了解，你为了神甚至不惜杀害自己的儿子。"接着亚伯拉罕一抬头，看见一头角被树丛钩住的公羊。亚伯拉罕便抓了这只羊，代替自己的儿子当作给神的献祭。

这个圣经故事非常著名，曾被作为宗教画的主题，当然基督徒也都知道，并认为这个故事象征了亚伯拉罕对神的坚定信仰。

不过，萨特却从这个故事中看出了存在选择的不安与个人责任。

亚伯拉罕是否真的听见了神的声音？现在也有人宣称能听到神的声音，但要如何证明那就是神的声音呢？

亚伯拉罕把一开始听到的声音当作是神的声音。听到声音后，他整个人变得很不安。接着他又把第二次听到的声音当作是天使的声音。但为什么亚伯拉罕并不认为那是来自沙漠恶魔的声音呢？因为亚伯拉罕心中有信仰，而且这个信仰是亚伯拉罕自己决定要信奉的。更何况，既然没有人能证明从天上传来的究竟是谁的声音，那么又是谁来决定那是神或天使的声音呢？当然做决定的也是亚伯拉罕自己。

我们也一样，会找借口说是根据宗教的信条、根据法律、为了想跟大家一样而采取某个行动，但实际上采取行动的还是自己。不管用什么理由去解释，那都是自己的选择，而正是我们所采取的行动塑造了自己。若将这些行动当作命运，也不过是逃避责任的一个借口而已。

当然，我们就跟亚伯拉罕一样，在采取行动之际总会感到不安。但是，我们还是不得不一边怀抱着不安，一边采取某个行动。萨特这么说："不安并不是让我们远离行动的屏障，不安是我们所采取的行动的一部分。"

如果真的有神的存在，我们应该就能活得比较轻松吧。只要盲目地遵从神的指示就好了，不需要迷惘，也不需要犹豫。

因为我们认为，尽管不是神，但若能依附于某个上位者，自己的责任也能变得比较少一点吧，所以我们在每次采取行动之前，都会请别人提供些建议。我们认为只要参考这些建议，就能冷静且理性地做出判断。

然而，即使如此，最后我们还是得靠自己做判断并行动。这是因为，是由我们自己来选择提供建议的人。我们其实在事先就已经大略知道，哪一个人会提供哪一种建议。我们只是欺骗自己，假装自己无法做决定，但事实上从一开始就必须由自己来做判断；就跟亚伯拉罕的情况是一样的。

付诸行动才有价值

有时候我们不是依据某个人、某条法律或制度，而是单纯因为情绪而采取行动，然后把责任归咎于情绪。

例如，"因为一时冲动而付诸行动"，这句话就只是推卸责任的借口，而不是事实。不管是什么样的冲动，最终决定采取行动的还是自己。

即使情感或欲望如此强烈，但也还是有采取其他行动的选项。然而，选择采取这样行动的人正是自己，因此自己也不得不对这个行动负起责任。

同样地，当要表达对某个人的爱时，我们会说："我爱这个人爱到即使失去性命也在所不惜。"但说这句话也不过是虚有其表。真要等到自己采取舍弃性命这样的行动，这份爱才真的具有现实的价值。

并不是先有感情或心情，才采取行动。其实刚好相反，是行动创造出某种感情。因此，我们无法去爱一个跟自己不甚亲近且远在天边的人，必须先有具体的爱人的行动，才能萌发爱的感情。

必须清楚理解一点，现实仅存在于我们每个人所采取的行动当中。

即使我们梦想着各种各样的现实与可能性，但这些都还不是现实。我们可以选择一个美好的梦想并沉醉其中，但那并不是一个现实的选择。所谓的现实，是由我们的实际行动构成的。

举例来说，有些人会哀叹，自己出身背景不好，或是时代、环境的因素限制，因此无法达成自己的期望。他们会说，因为身处的环境和时代不好，所以自己没办法成为艺术家。

但这也不过是这个人对自己说的谎言与诡辩而已，不是先有良好的条件才能采取行动，因为能够投向并展开行动的永远是自己。

凡·高在开始画画之后，成了画家。如果凡·高虽然想要画画，但为了填饱肚子而去从事其他工作，那么凡·高就不会成为画家。

因此，行动就是创造，是创造出自己的行动。

不是因为具有才华，才能画出好画；这幅画究竟是好还是不好，都是事后才判断的。毕加索自己全身心都投入艺术创作，完成了《自画像》这幅画。像毕加索这样的艺术家，就是一直不断投向的人。

希望仅存在于投向之中。以画家来举例，即使心中想着要画画，但做了其他事情，那么这个期望永远也不会有实现的一天。因此，若想要达到某种成就，唯有不断地投向并采取现实的行动。

不过，不做投向的生活是有可能实现的吗？一点都不可能。虽然外表上看起来是过着没有投向的生活，但事实上人们每天还是有许多烦琐而微小的投向。不过在那些将自己全身心都专注于投向的人来看，这样的生存方式可以说是非常消极的。

如果我们采取更消极、更没有投向、也不行动的生存方式，这样会变成不做任何选择的生存方式吗？也不是如此的。不选择、不行动，本身就是一种选择了。

最典型的例子就是，虽然知道身边发生了什么不好的事，但还是假装没看到。即使理由是自己不想要参与坏事，但这样的行为就跟参与了坏事没有两样。若持续无视下去，周遭就会变成坏事横行的不良环境。

我们每个人所采取的一举一动，本身就是一种道德行为。不管我们做了什么样的选择，采取了什么样的行动，都必须是要能让周遭的人接受的选择与行动。

我们的行为创造出现实中的伦理道德。因此，我们不得不对自己的选择与行动负起责任。并不是说，只要是依据某种规范来做选择与采取行动就没问题了；当他人也做出这些选择和行动时，对我们来说也是可以认可与接受的才行。

　　只有自己可以自由行动，其他人却不行，这是不对的。如果自己是自由的，那么其他人也是自由的。在这层意义上，存在主义可以说是行动的教义，也是一种人道主义。

问答 与

　　冀剑制：既然萨特认为人生意义来自人与世界的关联，那么，不同的人和世界产生不同的关联，是不是就产生了不同的人生意义？在各种人生意义中是否有什么共通性？

　　白取春彦：每个人都以各自的生存方式与这个世界产生关联。同时，也必定借此来创造自我、创造世界。

　　而每个人各自的生存方式之间并非完全没有关联。这是因为，其他人的生存方式一定或多或少会对自己的生存方式产生影响。

　　亦即，若有越来越多的人可以采取自立的生存方式，他们就可以去影响更多人，创造出从整体来说比以前更加美好的世界。

出版后记

————————

两年前的春天，日本出版社 Discover 21 海外事务总监来中国台湾，在与商周出版的会议上，他谈到该社正在推动的合作出版企划。商周出版的同人对这个企划形式相当感兴趣，经过热烈讨论后，这位总监立即一通电话打回东京说明情况，并得到该社社长"可行"的指示。

就这样，我们双方敲定了合作出版由日本作者白取春彦，以及中国台湾作者冀剑制共同执笔的作品。白取春彦的百万级畅销书《超译尼采》在台湾也是由商周出版推出的，并且也是台湾的畅销书。冀剑制是台湾的知名学者，出版过几本向年轻人介绍逻辑思考与哲学思想的畅销书。这两位作者将齐心合力，创作一本对人生有用的哲学书。

现在，在音乐和影像的领域，常常可以看到创作者跨越国境或地区，共同制作一部作品。但是在出版这个领域，综观世界都还少有类似的案例。而 Discover 21 所期望的并非各国在自己国内完成各自的出版工作，而是有机会让不同国家的人共同创作、出版，达到促进世界相互理解、交流的目的。

二〇一四年，Discover 21 通过与中国出版社的合作，提出日本与中国的作家共同创作一部小说的企划，并于二〇一七年成功推出了 *Extension World* 这部作品。接下来推出的就是《未经检视的人生不值得过》这本书了。

新书的内容企划经过多次讨论，最后主题定为十二位哲学家的思想。首先两位作者各自写作，然后翻译，再通过讨论、调整与编辑，这花去了整整两年的时间。这个企划同时具有实验性质，开始时甚至无法预知最后它会成为怎样的作品。

如今，这本书终于能够呈现给读者。它犹如具有生命的有机体一般，承袭从苏格拉底到萨特两千年人类智慧的 DNA，并由两位作者一字一句地为它灌溉、给予养分，在不同文化环境、编辑方式的交互影响下，"成长"出独一无二的样貌，这着实令人感到惊喜。

特别值得一提的是，两位作者笔力各有不同。

冀剑制以人生经验为例，谈到哲学如何在人的成长过程中，助我们一臂之力；理性思辨让人意会到问题所在，并能豁然开朗。白取春彦则再三强调人们该如何跳脱社会框架，活出属于自己的价值，如此才能在这个世界生存下去；感性的澎湃让人读来欲罢不能。

每篇末两人之间的一问一答，激荡出思维的火花。

苏格拉底有句名言："未经检视的人生不值得过。"在生命的每个转角，我们都能遇见一位哲学家，受到其思想的震撼与指引，由此开始检视最基本而重要的事。

希望读到这本书的读者，不管你们身处这世界的哪个位置，都能活出属于自己的人生。

商周出版编辑室

Discover 21 编辑部

世界の哲学者に学ぶ人生の教室

SEKAI NO TETSUGAKUSYA NI MANABU JINSEI NO KYOUSHITSU

Copyright © 2019 by HARUHIKO SHIRATORI,KI KENSEI

Original Japanese edition published by Discover 21, Inc., Tokyo, Japan

Simplified Chinese edition published by arrangement with Discover 21, Inc.

著作权合同登记号：图字 18-2019-298

图书在版编目（CIP）数据

    未经检视的人生不值得过 /（日）白取春彦，冀剑制著；严敏捷译 . -- 长沙：湖南文艺出版社，2020.2
    ISBN 978-7-5404-9381-3

    Ⅰ . ①未… Ⅱ . ①白… ②冀… ③严… Ⅲ . ①人生哲学—通俗读物 Ⅳ . ① B821-49

    中国版本图书馆 CIP 数据核字（2019）第 264808 号

上架建议：成功·励志

WEI JING JIANSHI DE RENSHENG BU ZHIDE GUO
未经检视的人生不值得过

作   者：[日]白取春彦 冀剑制
译   者：严敏捷
出 版 人：曾赛丰
责任编辑：薛 健 刘诗哲
监   制：邢越超
策划编辑：李齐章 蔡文婷
特约编辑：万江寒
版权支持：金 哲
营销支持：傅婷婷 文刀刀 周 茜
版式设计：潘雪琴
封面设计：主语设计
内文排版：百朗文化
出   版：湖南文艺出版社
      （长沙市雨花区东二环一段 508 号 邮编：410014）
网   址：www.hnwy.net
印   刷：三河市中晟雅豪印务有限公司
经   销：新华书店
开   本：880mm×1270mm 1/32
字   数：155 千字
印   张：8.5
版   次：2020 年 2 月第 1 版
印   次：2020 年 2 月第 1 次印刷
书   号：ISBN 978-7-5404-9381-3
定   价：48.00 元

若有质量问题，请致电质量监督电话：010-59096394
团购电话：010-59320018